卫国英雄
左宗棠

青少版

陈明福◎著

民族已在危难之间，
大好河山
岂容他人掠夺！

辽宁人民出版社

ⓒ 陈明福 2016

图书在版编目（CIP）数据

卫国英雄左宗棠：青少版 / 陈明福著 . —沈阳：
辽宁人民出版社，2017.1
ISBN 978-7-205-08766-1

Ⅰ . ①卫… Ⅱ . ①陈… Ⅲ . ①左宗棠（1812-1885）
—传记—青少年读物 Ⅳ . ① K827=52

中国版本图书馆 CIP 数据核字（2016）第 271546 号

出版发行：辽宁人民出版社
　　　　　地址：沈阳市和平区十一纬路 25 号　邮编：110003
　　　　　电话：024-23284321（邮　购）　024-23284324（发行部）
　　　　　传真：024-23284191（发行部）　024-23284304（办公室）
　　　　　http://www.lnpph.com.cn
印　　刷：沈阳市精华印刷有限公司
幅面尺寸：155mm×227mm
印　　张：13.25
字　　数：120 千字
出版时间：2017 年 1 月第 1 版
印刷时间：2017 年 1 月第 1 次印刷
责任编辑：韩　喆
装帧设计：琥珀视觉
责任校对：金　丹
书　　号：ISBN 978-7-205-08766-1

定　　价：35.00 元

左宗棠画像

左宗棠信札

左宗棠手书

序　言

　　每次看中国地图，我都深为祖国的地大物博、山河壮美和历史悠久自豪。中华民族是在波澜壮阔的历史进程中形成的，这个过程充满了血与火的战斗、生与死的考验。明清两朝，由于国势衰微，国家陷入灾难深重、任人宰割的境地，多次受到侵略者的肆意欺凌、掠夺和瓜分。国家饱经外患而仍生生不息，是人民群众团结战斗、奋力反抗的结果，在这救亡图存的过程中涌现出一批又一批优秀的卫国英雄。这些英雄人物面对"山河破碎风飘絮"，不畏强敌，挺身而出，带领人民群众拿起武器，保家卫国，这才使得国家一次次转危为安、化险为夷。敢于冒着敌人的炮火前进，奋勇杀敌，舍生取义，挽狂澜于既倒，扶大厦之将倾，这是真英雄的写照。面对侵略敢于战斗，面对强敌敢于亮剑，方显英雄本色。卫国英雄是中华民族的脊梁，是中国人民的骄傲。他们用实际行动证明：中华民族不可侮，中国人民不可欺。

　　我们都有一个梦，名字叫"中国梦"。目前，全国人民正并肩携手走在实现民族复兴中国梦的康庄大道上。少年强则国家强，我辈少年当自强。中国梦的实现需要青少年学习英雄精神，接力团结奋斗。卫国英雄的浩然正气与天地共存，与日月同辉。卫国英雄的光辉事迹彪炳千秋，催人奋进。卫国英雄英勇善战、所向披靡的英雄气概，为青少年所敬仰。当代青少年有幸生活在我国几十年没有战争的和平环境中，但是，千万不要因此觉得天下太平。环视周边安全，需要高度警惕，不能掉以轻心。我国国土尚未完全统一，台湾一直孤悬海外，没有回归祖国。目前，台湾政权轮替后，岛内分裂势力更加猖獗，两岸和平发展面临新的挑战和变数。同时，从东海到南海，从钓鱼岛到永暑礁，我国主权受到域内外的多方挑衅和侵犯。天下虽安，忘战必危，何况今日之周边战云密布。在国家安全环境复杂的新形势下，用历史告诉现实，引导青少年弘扬前辈英雄戍边卫疆、保家卫国的爱国主义精神，既具有深远的历史意义，又具有重要的现实意义。

青少年向卫国英雄学习什么？我认为，核心即是学习他们炽热强烈的爱国主义精神。和平与发展仍然是当今时代的主题，我们要时刻关注国与国之间每日存在的科技、经济、文化和综合国力的竞争。我们还面临许多不公平的国际规则，常常受到发达国家的不公正对待。爱国不是抽象的，而是具体的，青少年要根据自身特点，找到合适的爱国路径。

我高兴地看到，辽宁人民出版社的卫国英雄丛书以人物传记的方式，介绍明朝抗倭名将戚继光、抗倭名将俞大猷、明平息倭患的胡宗宪、明清之际收复台湾的郑成功、清朝道光时期严禁鸦片的林则徐、收复新疆的左宗棠、抗法名将冯子材、抗法抗日的刘永福、甲午海战名将丁汝昌和邓世昌等十位卫国英雄抵御外侮、保家卫国的故事。十位卫国英雄尽管所处时代不同、成长经历不同、战斗故事不同，但都敢于同外敌进行不屈不挠、艰苦卓绝的斗争，用奋勇杀敌的实际行动，维护国家的领土完整、保障人民的安居乐业。这套丛书主题鲜明，思想深刻，情节生动，文字优美，通俗易懂，适合青少年学习和阅读，可以说是青少年学习和弘扬爱国主义精神的生动教材。我相信，青少年读者阅读这套丛书，一定会为卫国英雄的爱国故事所感动，为卫国英雄的凛然正气所感染，从卫国英雄的故事中汲取勇气、智慧和力量，不断增强爱国之情，砥砺强国之志，在实现中国梦的伟大实践中放飞人生梦想，绽放绚丽青春。

中国青少年研究中心副主任　张良驯

2016 年 5 月 17 日

CONTENTS

目 录

CONTENTS

目录

CONTENTS

目 录

第一章

少年聪颖

第一节　生于积善家

公元 1817 年，即清嘉庆二十二年，北方遭受百年不遇的大旱灾，黄河断流，田地干裂，长江北岸广大地区，在整个夏季里，数月内天天烈日当空，不见一丝云彩，真可谓"祝融南来鞭火龙，火旗焰焰烧天红"。正因为"赤日炎炎似火烧"，导致了"野田禾稻半枯焦"。农民们天天上供，求神祈雨，却没有半点要下雨的迹象。眼见到了秋收的时节，偌大一块地里，除了几株不到半人高的干枯的玉米，再也没有他物，哪里有东西可收。人们眼睁睁地看着自己大半年来的辛勤劳作付诸东流，却束手无策。树皮草根都被啃光了，再待下去唯有死路一条。于是，便出现了大批大批的北方灾民渡江南移的局面。

江南与江北相比，固然是水肥草美，物产丰富，但苦于人多地少，猛然增加了一倍的人口，即使有善心的人能有余力供人一两顿饭，却也招架不住一月两月、一群两群，渐渐地，也都关门闭户。大街小巷中，到处挤满了面黄肌瘦、衣衫褴褛的饥民，只靠着难得一见的少得可怜的官府救济和偶尔由几个大户人家挑头施些菜粥勉强度日，饿死街头的人不计其数。

袁家铺的三岔路口被挤了个水泄不通，成百上千的饥民蜂拥而至，排成六条长长的队伍；负责施粥的、运粥的，其他帮忙的，人来人往，川流不息。左人锦和他的三个孙儿也在其中。看着热粥一桶桶搬上来，饥民们一个个顾不得烫嘴，狼吞虎咽，露出一副满足的神情，左人锦却并无预想中的那样快意。他的目光总是紧紧跟随着活蹦乱跳的小孙子左宗棠。

"季高，你为什么要来这里？"爷爷左人锦问道。

"我来帮忙救济饥民！"小宗棠胸脯一挺，骄傲地答道。

"这些饥民把你的粥吃掉了，你晚上没有饭吃，怕不怕？"

左宗棠回头看了一眼一个个面黄肌瘦的难民，转过身来，毅然答道："祖父曾教季高念过杜少陵（甫）的诗：'穷年忧黎元，叹息肠内热。'我天天都有饭吃，饿一顿不算什么。"

左家的家风是"世德相济，积累深厚"。相济与人，实属不易，世代积德，达到"深厚"，这种家风对左宗棠的一生产生了深远的影响。

关于左宗棠一生为官清廉，克己助人，乐善好施的事迹，多得不胜枚举。同治三年（1864），他在与孝威家书中云："族中苦人太多，苦难普送。拟今岁以数百金分之，先尽五服亲属及族中贫老无告者。尔可禀知二伯父酌量，其银下次即寄归可也。"

第二节　公平分栗全家喜

左家有两间屋子，屋前有几棵高高的梧桐树，还有一口池塘，取名"梧塘书屋"。夏天来临时，梧桐树上长满了八角形的叶子，浓荫覆地，宗棠在屋内咿咿呀呀地念书，聆听屋前树上无休止的吱吱蝉鸣声。散了学，左宗棠就和哥哥们拿着竹竿打树上的蝉儿。他还爱蹲在池塘边看鱼群在水中游来游去。阳光和白云倒映在池塘中，引起了他许多幻想。到了秋天，梧桐树上结满了桐子，秋风过处，桐叶纷纷飘落，他就从桐叶上收取那些桐子。屋后有一座小山，山上长满了灌木和野花，他常爬上山去玩耍。松野公渐渐发现这个小孙子特别颖悟。

有一次，松野公带宗棠上山，采了一大把毛栗子。祖父叫宗

棠带回家，分赠给兄姊。宗棠将栗子分成五份，送给三位姐姐和两位哥哥，却没有给自己留一份。

大姐寿清说："小三子，你自己呢？"

"我在山上吃了。"

爷爷松野公知道后非常欢喜，夸赞说："这孩子从小就知道公平地分东西，又不自私，知道谦让，左家的门庭将来一定会发扬光大的。"

小宗棠的四岁生日过得很愉快。二姐寿贞，字月卿，三姐寿玉，字季芳，都给小弟弟写诗祝贺。二姐写道："余家季高弟，天遣牛郎星。分栗众兄姊，深得古人心。"

三姐写道："余心爱季弟，梧塘重亲情。四龄解诗意，期许振家声。"

哥哥景乔写有《慎盦诗钞·癸亥大寒日余东安表弟访予高坡感旧书怀长歌奉赠兼寄舍弟季高诗》："青毡长物付诸儿，燕颔封侯望予季。"

这两句诗颇有典故，"青毡长物"出自《晋书》，是指家中没有什么好东西，形容读书人家境贫寒；"燕颔"指下巴的肉很丰满，像燕子的下巴一样，一般"燕颔虎颈"连用，形容人的相貌威武，多指武将，语出《后汉书·班超传》："生燕颔虎颈，飞而食肉，此万里侯相也。"左宗植的诗中自注："先太夫人语意也。"先太夫人，即祖母。其实，左宗棠的祖父、父亲和母亲，都认为此子不凡，定有出息。

第三节　才思敏捷善应对

左宗棠思维敏捷，才华横溢，尤其在对联方面有着很高的造诣和建树。他从小跟着当塾师的祖父、父亲习对句，常露不凡之气。四岁那年，祖父左松野看着聪明伶俐的小宗棠，出联曰：林中小鸟；宗棠对道：天上朝霞。口气之大，志向之高，令祖父不胜惊喜。宗棠的父亲春航公，在宗棠六岁时，也给他出过联：锦绣山河，纵横九万里；左宗棠应对道：炎黄世胄，上下五千年。

上联赞颂中华民族山河壮阔，下联吟咏祖国历史悠久，堪称珠联璧合。

左宗棠的家乡是"藏龙卧虎"之地，各种人才都隐藏在民间。有一年临近年关，有位由书生落魄成的屠夫解年猪，宗棠看得着迷，不愿离去。屠夫笑着出一上联：小猪连头一百；宗棠从容对道：大鹏展翅三千。出句平常，对句豪迈，令屠夫和围观的众人惊奇不已。于是屠夫又出句，以试其才：杀生命养生命，以命养命；说屠夫杀猪都是出于无奈，以命养命。宗棠对下句时，看到大街上一家纸扎店，正在为亡人打制阴间冥府用的纸钱，便对道：将纸钱买纸钱，拿钱买钱。此联不仅令屠夫折服，宗棠从此也被乡邻呼为"神童"。宗棠八岁读书时，随塾师站在门外看风景，塾师见江边杨柳千条，黄鹂在绿荫里忽隐忽现，啼啭悦耳，飞行时疾若流星，一派迷人的江南春色，便吟出上句：柳鹂穿梭，织就江南三月景。

小宗棠思考对句时，联想到深秋时节，白云下雁群南飞，即兴对出下句：云笺雁字，传来塞北九歌书。十岁时，祖父病逝，宗棠悲痛不已，挽联曰：此生忧民，愤世嫉俗，不忘先祖遗德；来日报国，力挽乾坤，方尽我辈孝心。

小小年纪竟能写出如此对仗工整、忠孝兼具的挽联，确非等闲之辈，前程不可限量！后来证明左宗棠不仅是这样说的，更是这样做的。

不论应对、出联还是写的挽联，少年左宗棠都反映出超群的才气。他的一生中作过许多联语，也有许多佳话。如他在林则徐逝世后所作的挽联云："附公者不皆君子，间公者必是小人，忧国如家，二百余年遗直在；庙堂倚之为长城，草野望之若时雨，出师未捷，八千里路大星颓。"一传出曾震动朝野，为众多有识之士所折服。

左宗棠后半生戎马倥偬，常作联语题于园林亭榭、寺庙祠宇，并用以凭吊师友、教育后辈。他一生所作诗词不多，质量颇高，特别是在各地写下的楹联（如在杭州灵隐寺）都是气魄宏阔，对仗工整，语言隽永，堪称神来之笔。

第二章

自古科举多坑人

第一节　兄弟二人双双中举

　　左宗棠参加科举制的各种考试多次，从 15 岁在湘阴县参加童子试到 27 岁第三次赴京参加会试，先后用了 12 年时间，经历了许多磨难。

　　道光六年（1826 年），左宗棠参加了湘阴县的"童试"，获得第一，旗开得胜。当时，他才 15 岁，迈出了仕途的第一步。第二年，即 1827 年，在长沙参加了"府试"，成绩仍居首位，只因为尊长者榜列第二。但此事没有"暗箱操作"。

　　这一日左宗棠正在家中百无聊赖，等待消息，忽然从衙门里来了个公人，说知府张锡谦大人要召见他！

　　左氏父子闻讯大吃一惊，心中有如"十五个吊桶打水——七上八下"，忐忑不安，知府大人突然召见，不知有何要事？若说是府试有成，又不见发榜；若说是其他事情，自家与官府又素无往来。左宗棠心中惴惴，跟着送信的公人来到了知府内堂。

　　一番交谈后，左宗棠明白了知府大人的意思。其实同榜之中，以年长者为首，这是清朝科举中一条不成文的规矩，并不需要与原榜首者商议。张锡谦特意为此召见左宗棠，说明他对这个少年十分看重，才刻意如此安排，以示激赏。这份心意左宗棠自然心领神会，备受感动。他当下表示："晚生自知资历尚浅，学识浅薄，不敢妄居榜首。府试结果全凭大人定夺。"

　　"左贤弟不仅才华过人，且谦逊知礼，日后一定大有作为。"张锡谦又与左宗棠谈了大半日，两人才依依惜别。

　　左宗棠考中举人，是21岁那年（1832），在省城的"乡试"。因为一般在每年八月举行，故又叫作"秋闱"。由朝廷派学政来主考，按规定程序一共考三场，时间定为三天。

　　考官在三天内阅完试卷，从中选拔出四十八名及格者，成为举人。

　　这场考试的主考官是徐法绩，同考官是翰林院编修胡鉴，相当于现今的助理。按例试卷先由同考官阅处，从中筛选四十八名及格的"举人"。被同考官剔除淘汰的试卷，叫作"遗卷"。通常主考官对遗卷不再重新翻阅。阅卷的同考官在左宗棠的试卷上批了"欠通顺"三个字，他落选了。但这年恰宣宗（道光帝）五十岁，为纪念"万寿恩科"，特命主考官亲自查阅遗卷，以免遗漏人才。徐法绩独自看完了几千份遗卷，从中复取六名，左宗棠名列"搜遗"之首。

起先大家还疑主考和这份卷子有甚情弊，怀疑这是拉关系走后门的"温卷"。徐公随即将左宗棠在第三场的礼经文考卷拿来给大家看，并说："这篇礼经文实在算得上全部考卷中最出色的一篇文章，准备呈献给皇上阅览。"大家传阅后，各监考官再无异议。

左宗棠后被录取为湖南第十八名举人。在四十二名中举名单中，领"解元"第一名的竟是左宗植，左宗棠是年龄最小者。兄弟二人年龄相差八岁，却同时中举，亦属奇闻。

第二节　三次进京会试皆铩羽

左宗棠去北京参加报考进士的会试，先后三次，共花了六七年的时间。第一次是他22岁那年，癸巳（1833）科；第二次是24岁，乙未（1835）科；第三次是27岁，戊戌（1838）科。这时他已经结婚并有了女儿，家庭生活还不能自立，要靠岳丈家接济。但是，三次考试都不中，只能落第而归。

左宗棠第一次参加会试是在婚后不到一个月，接到中举通知，即准备与二哥一同北上。此时因家贫穷，为赴京路费苦恼不已，费尽一番周折才凑足。

道光十三年（1833）正月初春，左宗棠和兄左宗植一同上路去北京应试。会试的气派当然比乡试要大得多。试院围墙插满棘枝，关防严密，所以试场又叫棘院或棘围。考场上设置有几千间小木屋，每间小木屋约有六尺长，四尺宽，高仅七尺左右。小屋里面放一条凳子，搁一块长板。长板白天当书桌用，夜间当床铺。应试生都须自备卧具、食物、饮水、蜡烛和笔墨砚台等，在考试前夜搬进指定的小木屋中去。临进小屋以前，还要经过严格检查，不得夹带任何书册或记事本。应试生如果被发现有夹带行为，违反规定，将要受到贬黜重罚：削免他过去已经取得的学历，并且不准以后再参加考试。

左宗棠考试完毕，正是"棘院功名风雨过"，一心等待发榜。

不久，榜发，左氏兄弟皆"榜上无名"。难兄难弟都是第一次进京，虽考不上也不能错过顺便"旅游"的机会，他们便抽出几天时间游览观光，增长见闻。左宗棠看到当时京城中的王府官邸，车水马龙，一片歌舞升平景象。而来京的路上，军备弛废，民有饥荒，路有尸骨的凄凉凋敝，有感而发作了《癸巳燕台杂感》七律八首，抒发情怀，赋诗志慨。

在这几首诗中，展现出年轻的左宗棠对国事的担心、时势的预见和个人的抱负，尤其是对西北边陲新疆的关注，"置省开屯""沙碛千秋"和"万里输官稻"等句的筹边韬略，立意筹边的远大志向，更是难能可贵。

尽管初试不中当时的"程式"而落榜，但却交出了一份"心忧天下"的优秀答卷。而"民有饥心抚亦难"之句，说明他在落榜之后想到的不是个人前途、得失与荣辱，而是国家和人民的大事：眼前最难办理的，莫如垦荒、救灾、盐政、粮运、治河等事。

四十七年之后，即1879年，他的女婿陶桃在家里翻阅到这几首旧诗，其中关于开发和建设边疆的句子，正好和当时杨昌濬所写的"引得春风度玉关"一致，不免感到奇怪，就写信向岳父请教，何以在如此早期能有前述预见？左公回信说，五十年前的志愿，到现在还没有完全实现，而当时能和他洽商的朋友，却已经没有一个人在世间了。

左宗棠诗中有"横海弋船有是非"句，谁又想到作诗之后仅过八年就发生了鸦片战争，再过十几年后，英、法、德、意、俄等八国联军攻陷北京，圆明园被抢掠焚烧一空，由此更能看出青年左宗棠洞察世事、高瞻远瞩的眼光。

左宗棠第一次会试落第后，对科举虽然失望，但未死心。两年后，道光十五年（1835），他已24岁，再次赴北京应试。这次会试，他的成绩不错，试卷经过副考官极力推荐，主考总裁也认为立言得体，倍加欣赏，准备以第十五名录取，如今湖南图书馆内还存有左宗棠乙科试卷的档案，封面上载有：左宗棠，十五名。无奈，在揭晓以前，发现湖南取中名额多了一人，而湖北却少了一个名额。因此，又撤销了他的名字，改录湖北一人。左宗棠只被以抄写人员"誊录"来用。誊录"定额四十名，备各馆缮写，积资得邀议叙，下科仍可会试"。誊录"积劳"可以保举知县，他的师长如贺长龄早就告诫过他："幸无苟且小就。"他的高傲的个性和非凡的才气也不会干这类工作，定要"回翔"以待发迹。

又隔三年，道光十八年（1838）时，左宗棠已是27岁了，他第三次进京赶考。年前腊月起程与欧阳晓岑结伴至汉口，经过洞庭湖时，写了一副"题洞庭君祠"的对联："迢遥旅路三千，我原过客；管领重湖八百，君亦书生。"意思是洞庭君也是书生，他能管领方圆八百里湖区，我左宗棠也是能够干一番大事业的。

左宗棠则第三次落第后，中断了科考，热心于钻研地学、农事等实用科学。三次落第的苦涩滋味，五个春秋的青春年华，功名无成难免内心悲伤失望，但他仍很不服气，苦读、实干的志趣并未因科场失意而衰减，相反却与日俱增。

第三节　应付科举还是经世之用

在科举道路上，左宗棠满腹经纶却一再受挫，在第三次应试后，黯然神伤，给妻子周诒端写信："榜发，又落孙山。从此款段出都，不复再踏软红，与群儿争道旁苦李矣。"此所谓"苦李"，与酸葡萄类似。这只曾垂涎欲滴、在架下一次次往上爬耗尽力气的"狐狸"，已经明白此紫果酸苦，不再与"群儿"去争食了，做好了"长为乡人以没世"的思想准备。

左宗棠说从此"不复再踏软红"，但事实上，后来他又有两次想应试，一次是在咸丰庚申年，左宗棠为某总督所构，将入都应会试以避之。这次他已走到襄阳，中途被胡林翼追了回来。因为此时左宗棠已在朝廷"挂号"，皇帝也很重视他。所以都中士大夫相诫："为考官，无失左宗棠。"于是便产生一桩趣事："未几，闱中得一卷，甚奇伟，皆疑为左宗棠，急取中之。榜发，则湘潭黎培敬也。"最后一次是左宗棠已任陕甘总督，他怀着意气还要进京应试，于是朝廷赐他个"大学士"（同进士出身），才遂了心愿。这是后话。

鸦片战争前后，在中国思想领域，总的说来，程朱理学（宋学）继续占据统治思想的主导地位，但另一方面，在这时期的社会思想中，一部分较为敏锐、开明的地主阶级知识分子，在日趋严重的社会危机和民族危机的刺激下，怀着为衰败的清王朝炼石补天的愿望，开始把视线转向社会现实，揭起了"经世致用"的旗帜。经世思想，即研究"为有用之学"。其主要代表人物，为龚自珍、魏源以及陶澍、林则徐、贺长龄等。他们"诵史鉴，考掌故，慷慨论天下事"，揭露现实社会的某些黑暗现象；要求革除敝政，主张采取抵抗外来侵略的措施。他们主张"以经术为治术"，把为学和致治联系起来，研讨更加切于实用的学问。这是一种新的社会思潮，在当时条件下具有一定的积极意义。

"心忧天下"的左宗棠，讲求"实学"，注重经世致用，他没有像当时众多的青年士子一样，一味醉心于词章举业，而是把主要的时间和精力，用在攻读有益国计民生的"有用之书"和探讨"经世之学"上来，为此而度过了漫长的岁月。

第三章

交往之人皆高人

第一节 贺氏兄弟的得意门生

就在左宗棠处于购书无资、求师无门之时，传来了好消息：赫赫有名的贺长龄来长沙了！

贺长龄（1775—1850），字耦耕，与林则徐同年生死，被林尊称为"大人君子"，曾主持编纂《皇朝经世文编》。道光十年（1830）冬，在他担任江宁布政使时，因母丧回到长沙丁忧。贺长龄曾与江苏巡抚陶澍以及林则徐共过事，学问、为人、藏书都使刻苦好学的左宗棠极为钦佩和仰慕，所以便立即去拜访和请教他。

1830 年冬的一天，寒风凛冽，道有积雪。左宗棠为见贺长龄急不可待，便负箧曳屣，步行十余里路到定王台附近贺公寓所去拜谒。虽然足肤皲裂，四肢僵劲，见到贺公后便行深深三鞠躬拜见大礼。一向奖掖、扶植后起之秀的贺公立即扶他上座，嘘寒问暖，关爱备至。

　　贺长龄十分赞赏左宗棠的志趣和才华，很喜欢这位青年，一见推之为"国士"。当他得知左宗棠为买书节衣缩食、四处借贷之后，嘱他今后可不必自行购买，愿意将家中楼上丰富藏书借与他阅读。好学而无钱买书的左宗棠从此成了贺长龄家的常客，每次去借书，贺长龄亲自上楼取书，"数数登降，不以为烦"；还书时"必问其所得，互相考订，孜孜断断，无稍倦厌"。并劝告说："天下方有乏才之叹，幸无苟且小就，自限其成。"这些，都使左宗棠深受教育和鼓舞。

　　贺长龄还把自己主编的《皇朝经世文编》送给左宗棠，这本书收集了清初至当时有关"经世致用"的文章，如地理、水利、军事、农业、海事（海外各国情况）等，在当时有很大影响。左宗棠得之如获至宝，将这部书"丹黄殆遍"，认真阅读。

　　有一次，贺长龄问及《方舆纪要》诸论中的问题，左宗棠评曰："顾氏之书，考据颇多疏略，议论亦间欠酌。然熟于古今成败之迹，彼此之势。"

　　青年左宗棠竟能对顾氏名著长短得失作如此评论，令贺长龄惊讶，于是进一步问他：

　　"季高对此有何卓见？"

　　"大凡山川形势，随时势为转移。至于取攻守防，则易地可通也。"

"此论有何根据？"

"孙子曰：'地形者，兵之助也。'窃以为，为军之将，既要利用山川形势，更要转化攻守形势。"

贺长龄频频颔首，捻须沉吟，许久不语。

另一次，两人进行了关于顾炎武学问与志向的探讨。贺长龄曰："炎武之学，大抵主于敛华就实，推寻经传，探讨本源。"

左宗棠对曰："吾闻本朝学者有根柢者，以炎武为最。"

"季高最欣赏亭林先生思想是何论？"

"窃以为，提出'国家兴亡，匹夫有责'是亭林思想中的最光辉之处。"

"亡国与亡天下奚辨？"

"亭林先生曰：易姓改号，谓之亡国。仁义充塞，而至于率兽食人，人将相食，谓之亡天下。……是故知保天下，然后知保其国。保天下者，匹夫之贱，与有责焉耳矣。"

"此说作何理解？"

"匹夫不贱，肉食者鄙。"左宗棠说出了这两句精辟之言，接着便侃侃而谈："亭林公云：'天生豪杰，必有所任。……今日者，拯斯人于涂炭，为万世开太平，此辈之任也。仁以为己任，死而后已。'此乃亭林公毕生大志,亦是吾辈终身榜样。"

贺长龄闻之意色欣然,喜上眉梢,起身拍着左宗棠肩膀曰:"天必将降大任于君矣,望季高笃志践行之!"

左宗棠对于贺长龄给予自己的礼遇和培植怀有无限的知遇之感。

左宗棠从小受祖父和父亲的教育培养,性质还属于"家教",贺长龄是他的第一位受教益匪浅的导师。两人年龄相差一代,却成了忘年之交。

左宗棠是个念恩之人,耦耕先生的学识、品行令他永远难以忘怀。

贺长龄在长沙丁忧一年,他走后,弟弟贺熙龄仍留在长沙。贺熙龄(1788—1864),字蔗农,是嘉庆十九年(1814)的进士,当过湖北学政,也是一位有名的学者,长沙城南书院请他主持讲席。贺长龄把左宗棠推荐到他弟弟贺熙龄主持的书院去深造。

城南书院的创办人是张栻,因院址在长沙城南的书院坪而得名。实际上是岳麓书院的一部分,相当于今天的分院,也是"湘学"的教育基地。

岳麓书院,是我国古代著名的"四大书院"之一,与在江西庐山的白鹿洞书院齐名,是许多著名儒家学者讲经学的地方,更是延续千余年至今，仍为高等教育与研究学府唯一的古代书院。

贺熙龄任城南书院山长8年。他的教育宗旨是：明辨义利，匡正人心，立志穷经，学以致用。他不专重制艺，强调"读书所以经世"，不能把"瑰玮聪明之质，率多隳败于词章训诂、襞襀破碎之中"。

左宗棠自称"从学十年"，实际上他只从读了一年。无奈，因家境贫寒交不起学费，他在第二年被迫离开了城南书院，转入能供给膳食的公资书院，继续研读。1833年，时任湖南巡抚的吴荣光，在岳麓书院内创办了"湘水校经堂"，并亲自讲授"经学"。左宗棠入试其中，一年"列第一者七次"，深受这位广东南海人的赞赏。由于学习成绩优异，因而获得"书院膏火以佐食"。这对父亲死后"日食不给"的左宗棠，确实是一个很好的学习条件。左宗棠也正是在岳麓的城南书院和湘水校经堂度过了他的学生时代。湘水校经堂在1890年改为校经书院，由原创始人吴荣光巡抚亲自题写的"湘水校经堂"额，至今留在湖南大学院内。

第二节　巧遇两江总督结亲家

道光十七年（1837）秋，两江总督陶澍在江西阅兵，重阳节前，他请假顺便回乡扫墓。从江西到湖南安化，途中必须经过醴陵。

醴陵知县为迎接陶大人的到来，做了精心准备，除了安排下榻的宾馆，吃的用的一概齐全，还请左宗棠写了副对联，挂在正厅最醒目之处。

那天，两江总督的轿子抬进了县城，在县知县的陪同下，陶大人走进了渌水河边粉刷一新的官舍。

突然，陶大人眼睛一亮，紧走几步，身子停在正厅的右壁前，一副字体刚劲、笔力雄健的对联映入眼帘：

春殿语从容，廿载家山印心石在；

大江流日夜，八州弟子翘首公归。

这位六十多岁的封疆大吏正要开口询问楹联的作者时，迎面见到一幅山水画，上有两句题跋的小诗又让他心旷神怡：一县好山为公立，两度绿水俟君清。

意思是醴陵县那傲然屹立的山峰，皆是仰载陶公一腔凛然正气而立；两条碧澄的绿水，皆等待一身纯正廉洁的陶澍到来而清。小小的醴陵，真是藏龙卧虎之地，竟有此等奇才，能当我的知己！

"这副对联出自何人之手？"陶澍问跟在身边的知县。

"这是本县渌江书院教习左宗棠所撰。"知县连忙回答，"画中题诗亦是出自他手。"

"此乃何方神圣？"陶澍微露笑容，口气中毫不掩饰竭尽赞赏之意。

"左宗棠乃湘阴人氏，其功名虽只一举人，然经纶满腹，才华横绝，当世少有。尤可奇者，此人长期潜心舆地，埋首兵书，天下山川，了如指掌，古今战事，如数家珍。"

"哦！有这样的人物，可否请来一见？"陶澍兴致盎然。

"卑职遵命，立等派人去请。"知县一边答应，一边示意下人立即去请左宗棠。

……

夜色渐渐浓了，从湘赣边境罗霄山脉中蜿蜒而出的渌水河，犹如一条碧玉色的缎带，在月光下静静地流淌，闪着银色的波光。状元洲上萋萋芳草，刚才还摇曳着舞姿，现在已慢慢地隐入夜色之中。醴陵城内，一队队公差衙役在巡视，他们保护的重点，就是渌水河畔的两江总督陶大人的临时下榻处。这府第内灯火通明，坐在厅堂中的一老一少两位男子，正在促膝长谈。老者就是陶澍，已是年近花甲之人了；少者即左宗棠，年方 26 岁。陶大人注视着眼前的年轻后生，双目炯炯有神，生机勃勃，身材不算十分高大，但体魄健壮，举止得体，礼仪有度。左宗棠所论经邦济世的学问，绝非那些寻章摘句、唯务雕虫之辈可以比拟。陶澍非常欣赏左宗棠，而对陶澍早已仰慕的左宗棠，平日是一腔为国报效的想法无处倾诉、无人倾听，今日得此机会，便半是请教、半是显示地倒了出来。

漏尽更深，陶澍谈兴正浓，加之爱才心切，他感到从来没有这样畅快地与人叙谈过。年轻人上下古今，天文地理，衡文论事，无所不及，从盐政谈到海运，从学问谈到国事，特别是左宗棠关于外患的见解，更感到有振聋发聩的感觉。这一老一少，一直谈到东方天空泛白，雄鸡报晓。陶澍勉励他多学些经世致用学问，还嘱他下次赴京考试归时可到南京一游。

次日，陶澍周游醴陵，察视民情，又携左宗棠同行，边游边谈，极为融洽。就因为结识了这样一位忘年交，陶澍还将回乡日期推迟了一天。陶澍认定：这位年轻人日后的前程定会超过自己，这是一匹千里马，我不做"伯乐"，谁来做"伯乐"呢！

道光十八年（1838），27 岁的左宗棠在家乡过了春节，又动身经汉口赴北京会试。左宗棠离京回湖南时，想起陶澍昔曾有约，便绕道由运河乘船到南京两江总督府。

陶澍妥善安排左宗棠住下，嘱咐下属好生招待这位贵客。开始几天，左宗棠尚觉得轻松、安逸、惬意，三天五天过去了，他不知不觉；半月一月后，他觉得有点孤寂和无聊。日子一天天过去，快两个月了，陶澍竟没有再次召见左宗棠，一直把他"晾"在馆舍里。

陶澍不常召见他，开始时左宗棠猜疑不定，心想，是公务忙，十天半月会晤一次该会有时间吧，是不是这次又落第了，总督大人瞧不起。但是一想起去年在醴陵，陶澍一点没有官架子，那么平易近人，这回怎么又变成另一个人啦？左宗棠左思右想，猜不透，越想越不通，越想越不是味，越想肚子中的火越大。

左宗棠落第后本来心情就不好，想起连陶澍都这样冷落他，自尊心受到很大损伤。头天晚上，他悄悄收拾行装，第二天便不告而辞。

仆人见他背着包袱离开馆舍，便问道："左先生，你怎么走啦？"

"长期赖在陶大人官府混饭吃吗？"左宗棠没有好气地答。

"陶大人知不知道？"

"我走后你去禀报一下就是了。"

左宗棠边说边急促地往外走，仆人慌了神，赶紧跑去禀告陶大人。

此时，陶澍起床不久，洗好脚后正在由侍女给他穿袜子，才穿了一只，听报左宗棠要走，连另一只袜子也来不及穿，更没有时间穿鞋，就赤脚往外跑，正好追到辕门，赶忙夺过包袱，挽着左宗棠的肩说："左贤弟怎么走得这么急呀？我这一向因公务忙，没来相陪，请左贤弟见谅。我还要与贤弟结为儿女亲家呢！"

其实陶澍不是因为忙，而是有意试探、考验左宗棠的耐心，如同"圯上老人"扔鞋于桥下让张良去捡，深折其"刚锐之气"，培养他忍耐和受挫之力的。

陶澍陪同左宗棠用完早膳，便挽着左宗棠回至厅堂，亲自扶他高坐在公堂上，认真严肃地说："他日，贤弟当坐此堂，名位还会比我高！"并对他的幕僚们说："日后，这个位子是左先生的，你们只能列坐两边。"

左宗棠对陶澍这一突如其来的恭维，感到不知所措。但又见陶澍说得这么诚恳，差点儿感动得掉下泪来，赶忙下位向陶澍深深打了一躬说："晚生岂敢！晚生岂敢！"

陶澍见左宗棠态度紧张，忙执左宗棠的手，重新分宾主入座说：

"这次会试落第,不要灰心,还是一句老话,多学点经世致用的学问,将来于国有大用。国家很需要真才实学、肯办实事的人才啊!"一天晚上,自感不久人世的陶澍屏退下人,与左宗棠单独谈心。

陶澍说到左宗棠要自强不息,等待时机,担当大任之后,不由深深叹口气说:"我人老了,身体日见虚弱,有一事相托,不知左贤弟能否答应?"

左宗棠忙打躬道:"大人有事相托,岂有不应命之理!"

陶澍这时才漫然地道:"我晚年得子,名陶桃,年仅七岁,我一旦不测,就把这孩子交托你培养如何?"

左宗棠忙应道:"大人看得起晚生,当竭尽心力。只是晚生不才,怕有负重托。"

陶澍见左宗棠欣然应允,就进一步说:"这样吧,我们结为亲家。贤弟的大小姐正好小陶桃一岁,他们成人了,由你操办,我就拜托了。"

说着陶澍起身向左宗棠深深一揖。左宗棠见陶澍以两江总督之高位,主动提出要与他这个"落第书生"结亲,并行如此大礼,赶忙起身回礼,说道:"我一落第书生,功名未就,无论名位、门第、年龄还是辈分都不相称,实在不敢高攀。"

陶澍说:"我已重病在身,只怕来日不多。万一我们两个无缘再会面，桃儿便如同你的亲生儿子。若能育之成材，不辱陶氏家风，我在九泉之下也就瞑目了。我家藏书不少，对你会有帮助，全都托付你了。"他握着左宗棠的手，老眼中闪着几丝泪花。

左宗棠内心感动不已，诚恳地对陶澍说："大人请放心，既然如此，小生就依允了女儿这门高攀而来的亲事。我将不负大人重托，尽心竭力教育公子成材。"

陶澍说："这我就可以放心而去了！"

就这样，堂堂的两江总督与会试落第的书生联姻，结了突破世俗的儿女亲家，实属罕见。

第三节　保护左宗棠的"观音"

左宗棠与胡林翼两人交往很早、很深。在北京会试期间相识后，胡林翼与宗棠便成了"一生真知己"。后来数次在小淹，两人"风雨连床，彻夜谈古今大政，前后十余年"。

胡林翼是陶澍的女婿，老丈人去世，小舅子年幼，家里都是孤儿寡母，作为大女婿的胡林翼当然要为岳母操心，筹划家事。

好在已请到高人左宗棠到安化陶府，既任陶公子教师，又替他们管家，胡林翼当然求之不得，感激不尽。贫富不匀，社会不公，是产生不安定甚至动乱的根源。左宗棠到小淹居馆后，针对当地村民视陶家富有而孤弱，"颇有觊觎之者"，与贺熙龄、胡林翼商量，"出资分赠乡族贫乏，有非意之干，则待以至诚，皆感畏贴服，赖以安焉"。效果立见。这对今天建设"和谐社会"也颇有启示。

道光二十五年（1845）秋，胡文忠公来小淹，晤谈十日而别。左宗棠对胡林翼指出自己"虑事太密、论事太切"，请宗棠戒之，切中弊病，为之钦服不已。

胡林翼向林则徐推荐左宗棠，称"湘阴左君有异才，品学为湘中士类第一"，可惜因故未能成行。在向张亮基的推荐信中，谓深知左宗棠"其才品超冠等伦"。

总之，胡林翼最能了解和赏识左宗棠，也知道左宗棠脾气太大，所以一向不和他抬杠，遇事争执，总是让他三分。

然而，就是对这样一个有恩于自己的谦谦君子，左宗棠在背后还议论他的是非。咸丰四年（1852）给湘军将领刘蓉的信中说："润之喜任术，善牢笼，吾向谓其不及我者以此，今竟以此加以诸我，尤非所堪。"此话对不对呢？对！林翼是有这方面缺点，宗棠喜直言。

胡林翼极重左宗棠之人品才学。他给郭嵩焘的信中评论左宗棠说："横览七十二州，更无才出其右者。倘事经阅历，必能日进无疆。"

左宗棠在陶家八年中饱览了丰富的典籍，为他日后成就大业打下了深厚的学问根基。对此，胡林翼更是赞赏不已："左孝廉品高学博，性至廉洁。在陶文毅公第中读本朝宪章最多，其识议亦绝异。其体察人情，通晓治体，当为近日楚材第一。"

胡林翼曾向陶澍多次推荐林则徐，使陶澍委林以重任，接自己的班。他还先后五次推荐左宗棠：首次是荐于陶澍；第二次是道光二十七年（1847）荐于林则徐；第三次，咸丰元年（1851）荐于湖广总督程矞采，程未能用；第四次是同年下半年又推荐给湖南巡抚张亮基；第五次，咸丰五年（1855），胡已任湖北巡抚，上书咸丰帝荐左。胡林翼是一位名副其实的"伯乐"，故有"荐贤满天下"之誉。近代中国赫赫有名的两位民族英雄——林则徐和左宗棠，都是他竭力推荐的，其眼力和功绩可见一斑。对此，同时代人郑炳勋有挽左宗棠的楹联评论左、胡二公：

公不出如苍生何？九州四海无此才，惟胡文忠早具只眼；

难未平匪异人任，尽瘁鞠躬而后已，比汉诸葛诚有同心。

左宗棠对胡林翼这位一直知心、推荐自己的挚友，又曾多次接济、保护、营救过自己，是充满感激之情的。胡林翼去世后，左宗棠含泪作了一篇情真义切、感人至深的祭文。

第四章

压不垮的性格从何而来

第一节　才高性傲好说大话

许多人都有"做人难"之叹，当年左宗棠可能感触更深。但他自有一条准则：不恤人言，我行我素。一个日出而作、日落而息、自食其力、与世无争的农夫，人们没有听他说什么话，也不会议论他什么，但又认为这样的人没有志向和出息，可见做人之难。如前所述，左宗棠第一次会试落第归来之后，写了一副对联张挂起来，道是："身无半亩，心忧天下；读破万卷，神交古人。"这是一百多年来颇受人非议的傲气狂态，连他的红颜知己周诒端也觉得他大言不惭，感到羞愧。

其实责难左宗棠是不对的！"身无半亩"，是说他当时一介穷书生，连半亩田也没有，这是事实。因为直到他在道光二十三年（1834）在安化陶澍家教书之后，有了积蓄，才在柳庄买了70亩田。"心忧天下"，是说他关注着天下大事，民族兴亡，为国家命运、百姓疾苦感到深切的忧虑。"读破万卷"，左宗棠确实做到了，如果加上他后来在陶澍家读的书，恐怕是数万卷了。杜甫也自称"读书破万卷"，为何谁也不怀疑他、议论他？至于"神交古人"，就是说他在读书时专心致志，领会古人所写的书的精粹与奥妙，进入角色，身临其境，与他们进行思想交流，产生共鸣而已。在落第不得志时写了这样一联激励自己，却被人们认为是"狂态"写照，蒙受了一百六七十年曲解、误解、错解的不白之冤！

表现左宗棠"才高气傲"的又一句话是"不为名儒，即为名将"，出于道光二十八年（1848）给其兄景乔先生之信。他说："我近来对于战争之事颇有心得，自认为只要遇到时机，给我兵权，一定能切实发挥作用。"这是左宗棠给哥哥信中谈到的。左宗棠原想通过科举当名儒，但此路不通；当他研究兵法后，颇有所得，觉得名儒当不成了，假如给他兵权，兴许能当个名将。这根本不算什么大话、空谈。再说，他所崇拜的诸葛亮，就是走的这条道路嘛！至于后来的实践证明，他既是名儒，又是名将，怎么能说他狂傲呢？！

另有一句惊世骇俗的话是"天下事无不可为"。这句话出自同治四年（1865）左宗棠给吴大廷的信。虽然后来随着时间的推移，左宗棠于挫折中看到了许多的无奈，反视天下事并非"无不可为"，但是我们从左宗棠一生的经历中可以看出，这种少年心性是贯彻于他一辈子中的。"天下事无不可为"与成语、铭言"天下无难事，只怕有心人""有志者，事竟成"类似，只不过稍嫌绝对一点而已。

左宗棠另外一些"足以傲当世庸耳俗目"的话不妨再列举二例：

一是"不为知县，则为督抚"。他说让他当官，当知县和督抚皆称职。同知较知县则贵而无位，高而无民，实非他的心愿。左宗棠不是想官当得越大越好，而是想当直接掌握百姓、有职有权的官。这是一个人根据自己的才能与个性可以理解的选择。

二是"吾才可大受而不可小知"。他在给胡林翼的信中道：弟才可大受而不可小知，能用人而必不能为人用。此时此势，易地则无可下手。

御史宗稷辰荐举人才，首列左宗棠，称其"不求荣利，迹甚微而功甚伟。若使独当一面，必不下于胡林翼诸人"。清廷命湖南巡抚出具切实考语，送部引见。曾国藩奏叙左宗棠"接济军饷功"，奉旨以兵部郎中用。胡林翼奏称：左宗棠"才学过人，于兵政机宜、山川险要尤所究心"，"其力能兼江西、湖北之军，而代臣等为谋"，"秉性忠良，才堪济变，敦尚气节，而近于矫激，面折人过，不少宽假，人多以此尤之。故亦不愿居官任职。"荐其为将才。

在这种情况下，左宗棠不来"假谦虚"，不失时机地"傲"一下，似乎也是情有可原的。

从上面列举的几则言行可以看出，左宗棠虽也有自谦或灰心的时候，但那都是一时的，而个性高傲与自信，是贯穿他一生的主旋律。明朝学者吕坤曾说过："做第一等人，干第一等事，说第一等话，抱第一等识。"左宗棠就是这样的人。

第二节　刚直矫激是双刃剑

个性太强、傲气太盛、气量不大等个性毕竟不是优点，而是左宗棠个性的缺憾，跟他个人遭遇坎坷的经历有很大的关系，这是客观事实，不然，人们就不会叹息"人言可畏""众口铄金"了。但是，如同血型不同，各有优缺点一样，心理学上性格常见的分类一般是按照理智、意志和情绪三者哪个占优势来划分稳定性格的类型，并没有肯定哪种类型是绝对的好或不好。这就是说，社会本来就有并需要有不同个性的人，来从事各项工作，弥补单个人的性格缺陷。

左宗棠生活在国内外危机深重、王朝大厦将倾的晚清，在国内，以他的孤傲与"性急"，对付善于"骑墙"或是极巧妙的"随风倒"之人，还有"巧人"或是"阴柔人物"，必定是"落落盘踞虽得地，冥冥孤高多烈风"（杜甫《古柏行》），作为"难为用"之"大材"，他是注定要"吃亏"和吃不开的。

幸亏，推荐和赞誉他的人都是声望极高的封疆大吏，又处在"大厦如倾要梁栋"之时，才使他能排除各种阻力和干扰，干成了一些大事。他以此种个性对付外族入侵者，在各国列强面前，敢于捍卫领土完整和国家主权，以武力相抗争，以"凶兽"的模样对付"凶兽"，一贯以强硬的态度主张抗英、抗俄、抗法，"绝口不言和议事"，这实在是太难能可贵了，是我们的国家和民族之幸！

第三节 迁家湘阴东

在安化的八年，使左宗棠"充足了电"，对他今后成就大业是至关重要的。左宗棠在陶家，"精神财富"取之不尽、用之不竭，而获得的物质财富也颇丰厚。陶澍在生前便留话，女婿胡林翼更是想得周全，安排周到，不会亏待左宗棠的。到陶家任私塾教师以后，"脩脯"收入每年可达三百金，除了供养家小生活外，尚有较多的盈余。教了三年多书之后，即1843年，31岁的左宗棠便用教书所得的积蓄，共计约900两白银，在湘阴县东乡柳家冲置田70亩，并筹划建庄院一座。

湘阴县东乡柳家冲，在左家塅西北十余华里，今属湘阴县樟树镇巡山村。此地山势逶迤，田园葱翠，东纳青山之秀美，西引湘江之灵气。

左宗棠亲自设计、监建了这座占地4.29亩、有48间房屋的砖木住宅，因挚爱柳树生命力强、性韧柔软、插枝能活的性格特点而起名"柳庄"。

关于在柳庄置田建院，有许多传说故事，充分体现了左宗棠的性格特征。

据说，柳家冲曾被风水先生认定为风水宝地，说是"仙牛地"，牛头朝东，东面山脊低洼处是"牛角扼"。左公说自己是牛，故将宅院东向朝指"牛角扼"。当时有人猜度：一定是左公得到风水先生的指点。说来也怪，他直到迁居柳庄后，才慢慢发迹，大器晚成，拜相封侯，并为国家收复了 160 万平方公里失地。

宅屋分前后两进：前进北边为谷仓、杂屋，南边为前厅、厢房、孔子堂（即子弟学堂）；后进由两个四合院组成。整个宅屋砖墙燕瓦，具有典型的晚清民居风格。

在宅屋上梁时，按习俗，要向工匠送红包，这样对主人也"吉利"。左宗棠不信这一套，偏不送，这就使工匠们好不高兴，便公开发牢骚，说："主人吝惜钱，迟早要作孽。"

左宗棠听说后回答道："钱没有，作孽随便。"

工匠们接着编了不吉利的话，一个工头竟骂骂咧咧地说："宅门朝东，人财两空。"

左宗棠听到后，便气愤地上前，拉住其胸襟，质问道："你说了什么？"

"我没有说什么呀？"

"没说什么？我亲耳听到的，你要给我改口！"

工匠头目起先还想抵赖，左宗棠揪住其衣襟不放，逼其改口。此人服软了，便道："三爹，是小人的嘴胡说八道，三爹要小人怎么改口？"

"宅门朝东，人马不空！说！"

"宅门朝东，人马不空！宅门朝东，人马不空！……"

工匠头目连说了两遍，左宗棠才放手作罢。

房宅落成后的大年初一，家人在敬神时发现磬里藏了一只猫头鹰，一家人大吃一惊，认为是"神鸟"，是不祥之兆，便连忙燃香点烛，作揖叩头。左宗棠博览群书，接触了西方的哲学，不信神，也不怕鬼。他对崇拜猫头鹰为"神鸟"觉得好笑，便抓住那只猫头鹰，口中念道："提刀斩神鸟，笼统大吉昌。"一刀将猫头鹰宰了。

柳庄，偎山面田，坐西朝东。柳庄院门前有一口被他称为"天砚"的大水塘，水塘周围绿柳成荫，水塘南北各有一株四人合围粗的枫树和柞树，冠盖苍翠，人称"神树"。

柳庄院门两侧左宗棠写有"参差杨柳，丰阜农庄"的门联。门额匾上左宗棠题写的"柳庄"二字，笔力遒劲。

走进围墙门，是一块土坪，此是晒谷场，从晒谷场向南穿过隔墙圆门是庭院。院内，他曾亲手栽下十二棵蜡梅和几株橘树、桃树，每当梅树傲雪开花，暗香浮动。庭院南侧是他读书的魁顶阁楼，名曰"朴存阁"。走进堂屋，便可见一条幅悬挂壁上，写着"湘上农人"四字，简朴的家什透着一种整洁与随意。整栋房屋的后面，是为了提高灌溉水位而砌的一条水渠，水渠沿围墙而走，穿墙向外流去，形成了"流觞曲水"之风格。

　　左宗棠回湘阴安家柳庄，前后14个年头，直至咸丰七年(1857)骆秉章与胡林翼以"醵金"——大家凑钱，为他买得长沙司马桥宅，才"自柳庄移家省城"。

　　左宗棠在柳庄"潇闲沉寂之时"，其声名却远播于外，诸多封疆大吏、京都高官争相举荐。因此，在柳庄时，留下了林则徐对左公一见"诧为绝世奇才"，当面预言"西定新疆，舍君莫属"的被史学界称为"湘江夜话"的佳话；留下了湖南两任巡抚分别"三顾茅庐"，邀自喻"今亮"的左宗棠两度出山运筹军幕的历史故事……

第四节　种茶栽竹留葱茏

　　柳庄门前被左宗棠称为"天砚"的大水塘，在秋阳照耀下，水光潋滟，波平如镜，天容倒映，云物俱鲜。大水塘边的田仍种水稻，结着黄澄澄的谷穗还未收割。稻田东边被称为"牛角扼"的山上，左宗棠公亲手栽下的茶树至今青翠欲滴，宅院西面后山上左公植的竹林如今仍葱郁苍劲。

左公爱竹，是赞美竹子耐寒、常绿以及中空、有节的品格；而与茶树结下不解之缘，更有情结所系之因和为民造福之愿。左宗棠爱茶、重茶、推广优质茶，是到安化任私塾教师期间的耳闻目染，并受陶澍的深刻影响。

陶澍的家乡，可说遍地都是茶山、茶林、茶园；育茶、采茶、制茶是当地农民的主要劳动之一；出售茶叶，更是农民的一笔大宗收入。安化县素称"茶乡"，产茶历史悠久。

左宗棠将安化的优质茶树移栽到湘阴，并精心培育，使历史悠久的湘阴产茶业更加发达。

那时，自给自足的自然经济仍是主要的社会经济形态，左宗棠也曾经设想：田可区，材可爨，薯芋可保岁，园可桑，山可竹，羊可牧。数年而后，其遂从山泽之氓（民）优游此间矣！

一派田园牧歌式的安怡美丽图景。

左宗棠隐居柳庄过起田园生活，一边受托继续在已故两江总督陶澍家教育其幼子陶桃，一边在躬耕督耕，研习农事。更为可贵的是他对农学进行了理论研究，并写下了著作。他在广览诗书的同时深深地感到，自己阅读过的书籍虽可称成千上万册，但赏心悦目的不过数种，而其中"实学绝少"。从古至今，传世的农书更是少见。泱泱华夏，千古以来以农为本，务农是人生第一要义，为何不趁自己精力能及，为种田人写一本书呢？

他的农学著作是在朴存阁写的，故自拟书名为"朴存阁农书"。在书中，他将农事分门别类写了十多篇，对于乡居所必需的常识，诸如栽种、收割、畜牧乃至筑墙、挖沟等，一一做了叙述。他还主张区种，写了一本《广区田图说》来说明因地制宜和间隔轮种的好处，又画成图样，做成说明，并在柳庄亲自试验这种区田的方法，结果得到了满意的成功。

后来的一些农业经济史学家认为，当时柳庄的生产、经营已具有农业资本主义萌芽的性质。

左宗棠在费了很多财力、物力和精力才建设起来的柳庄，躬耕多年，竹木、茶树如数家珍。不仅是柳庄的宅院的建设，就连山上的一竹一树，一草一木，都是在左公宗棠的亲自指导下栽种的，倾注着他的心血。

左宗棠因家境贫穷，为结婚后久居妻家感到羞惭，现在有了自己亲手建起来的柳庄，其快乐之心是可想而知的。

这一年春天，草新土润，左宗棠的岳母带着孙儿来到柳庄。刚进柳家冲，只见大片稻田秧苗茁壮，桃红柳绿，屋舍井然，不禁喜上眉梢。三寸金莲迈不了大步，但双脚的移动频率加快。刚见"柳庄"二字，女儿带着外孙、外孙女已迎候出来。一一见过之后，左宗棠首先恭敬地对岳母说："岳母大人，今天容小婿献献手艺，蒸一回米酒为您老人家接风。"

"哦？你会蒸米酒了？"岳母喜悦的双眼里透着惊诧。

"小婿日前向高师学得此法，尚未曾一试，今日让我显显身手，您看如何？"左宗棠一副跃跃欲试的架势。未等岳母答言，自己口中已吩咐家人动手。周老太太眯着双眼望着已经开始忙碌起来的左宗棠。

为酿米酒，左宗棠到邻家友人处借来一套酿酒的工具，仆人与家人架锅的架锅，套磨的套磨。左宗棠从左厢的粮仓中取来去年收割的糯米和粟米，找来用木香、青藤、地绵、乌药、黄荆之类草药制成的曲料，汲屋后清泉制出糟酩，再行点火熬沥。一天两天，大火小火文火，三天四天，米饭的香味逐渐渗发出一股酒香，五天六天，浓香扑鼻，清可照人的米酒由左宗棠双手捧呈到周老太太面前。岳母大人见一介书生居然酿制出色香味醇的米酒，连抿两口，不断地称赞："味好，味正，贤婿自己快喝，快喝。"

左宗棠端着自己亲手酿制的米酒，仰着脖子一口气将酒喝下，哈哈大笑："赊八百里洞庭当春酒，韵味无穷啊！"

1843年将家搬到柳庄后，头几年，家庭生活也比较美满。

1846 年，周夫人喜生长子左孝威。出生之时左宗棠在安化，又值久旱无雨，是夜忽梦雷电交加，大雨如注，故命曰霖生，乳名"霖儿"。同年十月，贺熙龄先生去世，遗命以其三女许配孝威，订上又一门娃娃亲。第二年四月（1847）张夫人生次子孝宽。周夫人体弱无乳，张夫人就同时乳养二子，而且先乳孝威，再喂孝宽。左宗棠虽年至三十五六才得贵子，但连得二子。他在岳家住十年，想要儿子尽生女，迁回柳庄后，两位夫人为他生了四个儿子，怪不得民间至今认为柳庄是风水宝地。这年八月，长女已满 14 岁，出嫁安化与陶桄完婚。此后，左宗棠结束了在陶府的教学生活。这几年可谓"四喜临门"，少有的高兴，这大概亦属"天赐良缘"吧！

但是，天公总也有不作美之时，柳庄在连遭两年干旱之后又遭水灾。搬到柳庄的第四年，从五月中旬起，天就断了雨脚。一连四个月，滴雨未见，田畴龟裂、赤地烫然。地里的禾苗枯得像秋后的冬茅草，遇火即燃。一天夜晚，暑热难当，左宗棠一把大蒲扇拍打不停。忽然，一股火风混杂着燃烧枯苗杂草的烟味飘进房内。"不好，着火了！"他急忙出门，只见大田中一片明火在蔓延。"天哪！今年颗粒无收了！"他痛心地闭上了双眼。

1847 年，左宗棠结束了在小淹陶氏家馆的塾师生活，回到柳庄。

到了1848年，从三月起，倾盆大雨，连绵不断，将湘江、资水、沅江都灌得很满，湘阴县城也被水淹，饱受旱灾之苦的饥民，又被洪水围困。靠近湘江不远的柳家冲，遭水灾后，成百上千的逃荒灾民，经过柳庄。左宗棠吩咐家人将家中积谷全部拿出来，煮粥施舍，对有病的就用丸药予以治疗。这些事都由周、张两位夫人亲自在家门口监督办理，救活的灾民感激地说："柳庄户主灾年济困，行善积德，真是好人！"

面对连年的水旱灾害，左宗棠一面自己节衣缩食，一面发动族人积谷备荒。在家乡建立了"仁风团"义仓，带头将自己家中积存稻谷和用具捐献出来，同时选办事公正的族人出来管理，订出规章制度，向官方备案，作为永久之计。

左宗棠既为一家的灾病担忧，又为邻里的赈灾操劳，他的妻子周诒端对此事也十分关心、操劳。为了救助灾民和乡亲，左宗棠不仅拿出了所得收入和积蓄，还典当了妻子的首饰，这种举动，闻所未闻，简直令常人不可思议！可是左宗棠抱着乐观主义精神，他对妻子周诒端开玩笑说："杜甫《同谷歌》中有一句诗'男呻女吟四壁静'，现在对我来讲，将'静'字改为'空'字，叫作'男呻女吟四壁空'，更合适些。"后来，他回忆这一年的情景是自己"生平境遇最苦者"。

　　接连不断的天灾，断送了柳庄的好光景和"湘上农人"的美梦，但是这段经历他却终生难忘。

第五章

改变中国历史的一夜

第一节 "实有知公之深"

　　林则徐比左宗棠年长 27 岁。林是福建侯官人，左是湖南湘阴人，相隔遥远。林在鸦片战争前已经是政绩卓著，贤名满天下的封疆大吏，而左 21 岁中举后因为贫穷做了湘潭周家的上门女婿，后虽参加三次会试，都名落孙山，是一个不曾在贵族门客的名册上挂上号的草野书生，两人贵贱悬殊。因此，在很长时间里，林则徐并不知道左宗棠其人，而左宗棠不仅早知林的高名，且对林则徐的钦佩、敬重、崇拜已是由来已久了。这种仰慕之情，首先是由近代史上第一次民族自卫战争——鸦片战争激发出来的。

　　1839 年，林则徐领导的禁烟斗争，是当时举国瞩目的大事件。作为一名塾师而僻居深山的左宗棠有着"心忧天下"的爱国思想，大有"修我戈矛，与子同仇"的气概，尽其力所能及时地搜集外国的情况，探讨战守机宜。

　　1840 年夏，第一次鸦片战争全面爆发，英国侵略者的隆隆炮声，震撼了神州大地，唤醒了许多爱国人士奋起投入抗拒外来侵略、保卫祖国的火热斗争。这时，刚刚到达安化小淹陶家担任师塾教师的左宗棠，并没有因为自己僻处山乡、未登仕途而袖手旁观。他与居留北京、长沙的师友们保持着广泛的联系，密切关注时局的发展，并通过各种方式积极发表自己关于抵抗侵略的见解，希望早日驱除侵略者，表现了炽烈的爱国热情。他在上老师贺熙龄书中说："山馆无聊，言念时艰，不胜愁愤！惟夜望妖星明灭，以此卜西寇剿除之期耳。吾师处想必时有消息，仍求示悉为幸。"这正是左宗棠当时心情的写照。

左宗棠从对历史和现状的考察中了解到，发动侵略的英国殖民者包藏祸心，为时已久，富强与实力远胜诸蕃。面对着强暴贪婪的侵略者，左宗棠主张坚决抵抗，反对和议，希望统治当局坚持抗战到底。对于统治当局的腐败无能，左宗棠深为忧虑。

1840年10月，坚决主战、抗敌得力的林则徐、邓廷桢竟被革职，他闻讯后极为愤慨，认为"是非颠倒如此，可为太息"！他虽希望林则徐能够平反复任，但亦充分估计了艰难曲折：林公恐怕未必即能复任。其实按照目前的人望，没有别人可以替他。若能令其复任，毅然图旧，上足以表明天子虚怀善任之明，下足以固防岭南千里之守，此乃天下之人所诚心仰望和企盼的！

左宗棠对投降派的卖国活动深恶痛绝。1841年1月，传言琦善擅自签订《穿鼻草约》，将香港割让与英国。他闻讯后，曾作《感事》诗四首，以抒愤懑。

1842年夏，战争失败，耆英等签订了丧权辱国的《南京条约》，他极度愤慨地说："时局如斯，彼谋国者之肉，宁足食乎！"认为："时事竟已至此，梦想所不到，古今所未有，虽有善者，亦无从措手矣。"甚至认为"苟全之计"，只有效法明末清初拒绝同清朝统治者合作的孙奇逢、魏禧等人，"买山而隐"，"失此不图，更为无策"。表示他对清王朝已经失去了信心，甚至产生了与它相决裂的思想。

左宗棠对林则徐的认识，除了通过鸦片战争这一历史事件之外，还有他所说的"十数年来，闻诸师友所称述"。其中，最早是他的老师贺长龄、贺熙龄兄弟。

贺氏兄弟都是支持林则徐禁烟的抵抗派。在鸦片战争中，贺熙龄同左宗棠频通书信，讨论抗英的战略战术问题。贺长龄在贵州任职九年，严禁种植鸦片。左宗棠经世致用思想的形成，以及发表了使林则徐为之倾倒的反对英国侵略的慷慨议论，都与贺氏兄弟的影响分不开。

众所周知，左宗棠在19世纪70年代的海防与塞防之争中是塞防的主要代表人物，他注重塞防的思想是由来已久的，先是受到塞防论的先驱者龚自珍、魏源的影响，后来又受到林则徐的直接教诲。

左宗棠同与林则徐志同道合的朋友龚自珍、魏源相识是比较早的。道光十三年（1833），22 岁的左宗棠第一次参加会试，在京期间与博学广识的龚自珍、魏源交游，给他留下了终生难忘的印象。左宗棠对林则徐的更深一步认识，是在小淹研读了林则徐与陶澍的来往书信之后。林一直是陶的下属，是陶一手提拔起来并接自己的班的人。林的思想、人格、韬略、作为、事功等，在林、陶的通信中展示详尽，左宗棠在研读中得到的教益是美不胜收的，受到的影响十分深远。此外，更有胡林翼对他的多次来信和直接交谈。

当林则徐调任云贵总督后，胡林翼这时在贵州安顺任知府，归云贵总督管辖，便在道光二十八年（1848）向林则徐推荐左宗棠到林的幕府任职。胡林翼对左宗棠的品学极为赞赏，推崇他为"近日楚材第一"，并从安顺写信来征求左的意见。

1849 年 1 月 10 日，林则徐复信给胡林翼，对左宗棠颇为欣赏，说如能来"实所深愿"。

左宗棠未尝不想前往应聘，无奈当年正值侄儿左世延 17 岁，寡嫂急于要为他完婚，而且已经定妥了婚期，加以教诲陶桃有约在先，暂时不便中断，因此只得复信婉谢，在信中表达了对林则徐的无限敬仰之情。

这封信中说道，得知"执事"在岁末急递的信，即胡林翼推荐他的情谊，敬知林公爱士之盛心，十分感动。他还有细读了林公与陶文毅公的往复书疏，使他"实有以知公之深"。海上用兵以后，他的心更是如在林的左右。林则徐的"行踪所至，而东南，而西北，而西南，计程且数万里"，左宗棠一直是"心神依倚，惘惘欲随"。

左宗棠对素昧平生的林则徐怀有如此诚挚的感情，正表明林则徐"苟利国家生死以，岂因祸福避趋之"的爱国精神震撼了他的心灵，使他受到林则徐的思想、品格和行动的深刻影响。这种影响对他后来成为赫赫有名的封疆大吏，在错综复杂的内外矛盾和民族危机的严重考验面前，保持了一个中国人应有的气节，是有很大作用的。

道光二十九年 (1849) 冬，林则徐因病开缺回乡，从云南昆明回福建，途经贵州和湖南，乘船经洞庭湖入湘江后，于 1850 年 1 月 3 日，派人持帖到柳家冲约请左宗棠到长沙会面。

第二节　有幸得观"天人"之光耀

　　冬日的长沙，凝云阴沉，山色苍寒，灰暗的林木，在清晨的薄霭间，以赤裸的枝条向冥杳的远方呼号。旷野寂寥无人，一匹快马自南向北奔驰在沿湘江的小道上。尽管朔风扑面，人与马却都跑得热气腾腾。马上的林忠不时摸摸揣在怀中林老爷的书信，一路上一直在想，究竟是什么人让林老爷如此青眼有加，居然还特地在回籍将养的路上专门安排一次会面？而且，听说这位左先生还是一介布衣，年近四十，这尤其让林忠大感不解：野无遗贤当然是不可能的，但如果一个人快四十岁了，还是功名未就，沉寂乡里，其人其才究竟如何，恐怕也大可怀疑。看来老爷确实有些老了，否则，求贤若渴也不至于去访求一个老布衣啊！

　　疾奔了一个多小时后，林忠跳下马来。柳家冲并不难找，林忠没想到左宗棠在这里颇有声望，他第一次向别人打听左先生家住在哪儿，立刻有人热情地指点，也就是从这些人的嘴里，林忠知道了这位左先生已经在前两江总督陶澍大人府里做了多年的教书先生了，甚至，这个左宗棠还是陶大人的姻亲！一想到陶大人曾是林则徐的上司，对林大人颇有提携拔擢之恩，林忠便推想出左宗棠非等闲之辈，不由在心中多出了几分敬畏。

当林忠进了柳庄之门，被左宗棠很客气地请入俭朴而大方的书房时，看到左先生用刚劲的笔触写的气魄非凡的对联，他才从心底里相信，左宗棠的确不是一般人物。

也无法说清林忠递上的那封信对左宗棠而言有多重的分量。虽然林忠还未及进门就已经自报家门，但分宾主落座后，左宗棠实实在在地把林忠双手呈上的信接在手中，一眼瞥见信封上"林缄"两个字时，仍不啻接过了一块千钧巨石。

左宗棠把林则徐的信连看了三遍——信并不长，一纸八行笺刚好写满，但由于心情激动之故，三遍之后，左宗棠仿佛仍然不知信上写的是什么。

好在林忠已向左宗棠迫不及待地禀告：林公邀请左宗棠去船上一谈，并将林则徐请旨回籍的前前后后，都一股脑儿地讲了出来——不知道为什么，林忠一看到左宗棠，立刻被一种力量牢牢地抓住，动弹不得。显然，这个穷居湘阴乡间的教书匠身上有一种独特的魅力。林忠随林则徐出入官场多年，大大小小的官员见了不计其数，王侯将相，封疆大吏，见怪不怪，早就过了看见什么就会局促不安的时候，但在左宗棠这个布衣面前，林忠却无法控制自己的情绪，莫名其妙地感到紧张，甚至是一种压力。

平心而论，左宗棠并不是那种令人一望而备觉亲切、愿意亲近的人；相反，他脸上永远笼罩着那层不可冒犯的神色，总是拒人于千里之外。但唯其冰冷漠然，反而透露出内心压抑已久的炽烈和火热，冷热之间，让你会毫不迟疑地认定：这是一个值得交往、值得探求的人；而在看来显然有些怪异乖傲的性格下面，又一定还有一些不那么冷淡枯漠的精神——这是一头雄狮，在笼中关闭太久，已经快要失去在林莽间纵横跳跃的能力，但有朝一日，哪怕一片丛林间的绿叶从眼前飘落，他也会立刻恢复与生俱来的攻击力量……

只是在片刻之间，林忠已经对这个肚子略略突出的教书先生发自内心地敬畏不已了。

就在此时，左宗棠的近身仆人左乔捧着一壶茶不失时机地走上来。

左宗棠说："林大人请。"

"不敢，左先生太客气了。"

左宗棠自信非信地脱口而出："林大人怎么会到了长沙？"

"林大人奉旨开缺，回籍途经长沙，特遣我邀请左先生枉驾湘江一见。时候不早了，就请左先生速速动身吧。"

"可是日脚向西，今晚赶到会不会打扰林大人……"

"可我家老爷说，如果先生方便，请立刻即往湘江舟次，这一路颇费时日，舟楫劳顿，后面的路程还长，所以不便在此多耽搁。而且，我家老爷之欲一睹先生风采，其望也久矣，还请先生拨冗前往……"

"既然如此，请您先行一步，代向林大人请宗棠迟慢之罪。宗棠略具衣冠，当即刻前往拜谒林大人。"

"那样最好，林忠就此告辞，恭候左先生。"

当送林忠出门后，左宗棠立即命左乔备一匹最好的马并上鞍。

当左宗棠赶到长沙码头时，夕阳沉落，只看见半天红霞，满江赤色。林则徐的官船很显眼地泊在码头边，船头上一面"林"字旗随江风舒卷自如，让左宗棠立刻联想到林则徐的身影。官船装饰简朴，除了必不可少的定制以外，与沿着码头在两边一字排开的大小商船相比，甚至还有几分寒酸。左宗棠一看，就不由得点头，单从这一点，就可以想见林公为人、为官的风格，可知数十年来的声名不是虚传，自己也的确没有敬慕错人。今日天下有几个能像自己这样同林则徐心意吻合的人呢？想到这里，左宗棠一路上的疑虑一扫而空，再也没有了紧张和忐忑，倒好像是专程来拜望一位多年不见的至近故友，还未及见面，早已在心里准备好了亲切和坦诚。

左宗棠好像根本没看见码头上那些排列两旁等候林大人接见的大小官员，大踏步地从他们中间穿了过去，走到江边，一撩袍带，两步就跳上跳板，一只脚却滑落水中，弄湿了半只腿，被站在船头的长者扶上了船头。左宗棠不顾一切，从怀里掏出写好的"湖南举人左宗棠"的拜帖，躬身递上，并在口中念道："学生湘阴左宗棠特为前来拜见林宫保。烦劳代为通禀。"

长者接过拜帖说："请稍候！"即闪身到舱里。

码头上那些以察言观色为能事的官吏，从左宗棠一出现在码头上，就已经感觉到非同一般，现在又看到二人似有默契，立刻议论纷纷。

"这是什么人啊？"

"说不清，看这衣着打扮，不像是个了不得的人物啊，林宫保为什么如此尊重？"

"了不得？他有什么了不得——这小子三考不第，快四十的人，才中个举人，原任渌江书院山长，有什么了不起的？"

"话可不能这么说。听说此人颇有才干，连当年的两江总督

陶澍大人都很赏识他，还和他攀了儿女亲家哩！"

"我们早就来了，他凭什么先上船。莫非……"

正在喧闹时，船头那位长者又站了出来。

"林大人今天有要务，送各位大人！"

回头又对已在船头等候的左宗棠亲切地说：

"左先生，让你久等了。我家老爷特为先生屏退了左右，正在里面等着您。请进吧！"

左宗棠腰杆一挺，鼓足勇气向舱内一抱拳，报门而进。

"学生，湘阴左宗棠，拜见林大人！"

"湘阴左子季高，果然名不虚传，有股子虎气！"

左宗棠一愣，抬头看船舱门帘掀起处，稳步走出一位老人，年六七十，个子不高，典型的南方人方正和平的长相，眉宇间俨然有塞北尘漠的肃杀凛然，尤其是颔下的胡须和浓眉下一双风神宛然的虎目，但瘦削的脸上已有点点老年斑，分明见到他劳瘁的生平，让左宗棠立刻就联想到船头上那面"林"字官旗的素白之光。

"难道……这就是林宫保大人？"

"这就是我家大人。"

"大人的英名，天下共仰，宗棠区区一介书吏塾师，仰慕大人有日，今日得睹虎威，是宗棠三生有幸！"

"季高客气了。这可不像当年陶公和贶生言谈话语之间的那个左宗棠啊……"左宗棠立刻意识到，林则徐是在责备自己太过于官冕，随即转了话题，看着那半条湿润的裤腿说："林大人，古人有所谓'三薰三沐之礼'专以待士，行旅客船，多所不便，'三薰'自然从简，这'三沐'嘛，小生今日已是拜领了。"

林公笑曰："你还是这么文绉绉的呢！赶快换衣服，免得着寒。"

左宗棠更衣后回到船舱，在林公的对面坐下。

在江风吹浪的湘江之夜，神交已久但素未谋面的两代人，相逢畅饮，放怀倾谈。左宗棠对这位六十五岁的前辈名臣，颂为"天人"，崇重逾常；林则徐对这位三十七岁的布衣，"一见倾倒，诧为绝世奇才"，期许良厚。共同的经世抱负和情趣，填补了他们年龄和身份悬殊的鸿沟，好似阔别多年的故人意外相逢，恨不得把心中的积愫倾吐！

林则徐率先说："季高，古人亦有谓闻名不如见面，今天所到诸君，不尽是国家寄望之栋梁，也是湘土一时豪俊，左子竟能从中脱颖而出，越步上船，而后又全然无视于衣冠轩冕，果然见季高有临危不乱、处变不惊的胸襟胆略，的确不同凡响！"

左宗棠这才明白，林则徐已经在船舱里观察了很长一段时间，自己从内心表现出的孤傲不群，想必林大人已看个一清二楚，只是不知林大人会有什么说法。

林则徐说:"你虽不凡之材,这样的脾气难保不会触霉头。但你既然碰到我了,我就得告诉你,林某人就喜欢一个心眼,总触霉头,得势得理不让人的'湖南骡子'!"

"大人过奖了。不过所谓'湖南骡子'正是宗棠为人处世的性格特征。在任何时候都要敢讲真话,肯办实事,性情直爽,刚直不阿,疾恶如仇,与人为善。"

"老夫志虽未酬,意则未尽。多年来,走遍大江南北,塞外粤疆,第一等大事就是为国求贤。人才乃国之重宝。今日舟过长沙,系泊一夜,为的就是与足下见面,倾听高论。"

左宗棠平日是颇为自信的人,此刻,当代名臣如此推重,还是感到悚然,他惭疚地说:"林公,学生蹉跎岁月,至今一介寒儒,哪敢预闻天下大事,妄论社稷安危?"

林则徐笑道:"季高不必谦虚,读破万卷的书生,岂有不心忧天下之理?人生际遇,各不相同,不能以一时一事定论。老夫阅人多矣,你我相见虽晚,但历年从胡润芝、陶宫保及贺公兄弟诸位交谈,早已稔知左君才华横溢,远见卓识,不同凡响。今夜,别无他人,不妨畅所欲言。"

左宗棠听了林公这番恳切之言,已经没有了拘束,但一时从何谈起？林则徐仿佛看透了他的心思似的，便道：

"季高，听说你对兵机挺有研究，可不可以先给我谈谈'兵'呢？"

第三节　岳麓山下畅谈古今

左宗棠来时一路上想过许多种两人见面交谈的内容，但怎么也没想到林则徐一开口就要他谈"兵"。在一个可以说是和军事打了一辈子交道的人面前谈"兵"，且仅是"纸上"，不是太不自量力了吗？可林则徐的样子绝不是虚与委蛇，而是明显地想要在他这里得到一个答案。老实说，左宗棠由留意山川地理、攻守之势而到军事，已经将近二十年了，以他的资质积二十年之功，绝非毫无所得，但自己的一得之功、一孔之见能否在林公面前倾诉，左宗棠还没有把握。

沉吟良久，左宗棠明确地回答老师："当前天下言兵事者，其要在将而不在兵。"

"哦？"林则徐在椅子上一下坐直了身子，两目炯炯，看着左宗棠的眼睛，示意他继续说下去。

"我华夏非无可御敌之兵，而是没有可以统带御敌之兵的将帅。"左宗棠停顿了一下，调整了一下措辞，"林公一定还记得10年前虎门之事，那时并非我大清无险可守、无兵可战，而以举国80万之兵，竟然不能制服劳师远征的英夷4000之众。宗棠以为，其败不在兵而在将，不在战而在战守之间的抉择——即以林公英明，却处处掣肘，不得施展，而后有琦善之辱，有南京城下之盟。……兵之用在精，兵之精在将。用兵之道，选将为先。将领得人，整军才实，方可习武，乃为要着。"

左宗棠越说越激动，情不自禁指天画地，全然不像是在云贵总督的官船上，倒像是在乡间草庐茶肆，和一二至近似谈国事，无所顾忌的架势。

林则徐被左宗棠的话深深触动了，他没想到这些话竟然是面前这个个头不高、一脸忠厚的中年汉子说出来的，因为左宗棠所说的大多是林则徐居官多年的切肤之痛。所有这些痼疾，既非一朝一夕，更不是可以轻发议论的，而左宗棠以一介布衣，放胆直言，既令林则徐惊喜异常，又让他十分感动。这些话可以当着他说出来，本身已经足以证明左宗棠对他是披肝沥胆、言无不尽了；更何况，左宗棠还能有这种出类拔萃的见识呢?

左宗棠全然没有发现林则徐的变化,他完全沉浸在自己想要表达的内容中了。许多年来,他由迫不及待地向任何人倾吐自己的兵机韬略,渐渐地在无数冷嘲热讽或者是漠不关心中闭上自己的嘴,等待一个可以理解自己的倾听者的出现。现在,他终于找到了这样一个知己。

"大清朝自然是国运长久,可自入关以来,已有二百多年不动刀兵,将帅士卒往往不知军兵为何物,一旦燃起战火,后果自然无可措手。而现在两国交兵,洋枪洋炮的威力较之战马弓箭,不啻天壤之别。更有一些饱食终日、庸庸碌碌之辈,对洋人毫无了解,妄自揣测,临阵失措,令战局一发不可收拾。为保全自己的富贵身家,做出丧权辱国的勾当,更无颜以面对圣上和黎民百姓……"

左宗棠很自然地把林则徐要谈"兵"的要求引到了内外交困、一筹莫展的朝廷对外抗争,又很自然地把敌人设定成洋人,所有这些,都和林则徐的思路不谋而合。

听着左宗棠滔滔不绝的谈论,林则徐颇有一种"于我心有戚戚焉"的感觉:在这个比自己小 27 岁的湖南人身上,林则徐陡然感到一阵虎虎生气,虽然,事实上这位"初生牛犊"也已经天过正午了。

"假使国家早得左季高，局势或有可为……"

听着听着，林则徐突然脱口而出这样一句话，连他自己也有些吃惊。林则徐的原意显然是想说多有几个左宗棠这样的人，国事还不至于太黯淡，但话一出口，才感到自己失言了：无论是陶澍还是胡林翼，在向林则徐提起左宗棠时无不摇头叹息一番。左宗棠的科场失意，致使英才埋没民间，如今自己隐隐约约旧话重提，触到了左宗棠的心灵伤痛处，可能会引发左宗棠的意气不平。果然，谈兴正健的左宗棠一愣，眼睛中一掠而过一丝灰暗和激愤，但转眼间就消失了。

"宗棠不才，科名不成，只能在乡间僻壤教书糊口，虚度年华。"

左宗棠的回答极为平静。经过了这么些年来的历练敲打，左宗棠已经可以很平静地面对自己的命运了。而且，他也学会了自我解嘲，对此，左宗棠不知道是进步还是退步。但这无疑是很理想的自我保护——虽然他从内心深处根本无法摆脱这层阴影——从小读的书，听到的故事和人生道理，时至今日仍然固执地在他耳边敲打着："修身、齐家、治国、平天下"，后面的毕竟是根本的；"士为知己者用"乃至为知己者死，仍然让左宗棠心痒难禁。

"当今天下，其当务之急在哪里呢？"

林则徐迅速地找了一个新鲜的话题，好把刚才的片刻尴尬掩饰过去。

左宗棠知道这是林则徐在考自己，以林则徐的才干，这种问题应该早已成竹在胸了。可左宗棠却想都没想，脱口而出：

"当务之急，首在防务。"

"哦？"

这样的答案林则徐还是第一次听到。洋人的不断侵扰和贪得无厌是有目共睹的事，大清朝的武力不支也已不是秘密，但即使如此，这种头疼医头、脚疼医脚的见解还是颇令林则徐失望，这和刚才左宗棠的谈吐及远见相较而言，实在太不相称了。林则徐不无疑惑地看着左宗棠。

"防务的确是当务之急。第一，洋人觊觎大清不是一天两天，所谓谈判不过是形式而已，所谓要求变本加厉。因此战端必然要起，防务之紧急，可见一斑。第二，今日防务之松动废弛，不是一朝一夕之误，实在是由内乱而致外松，为长远计，当然应当先修内政，但国事如此，兵事如此，又岂容条分缕析地修缮内政？"

看着左宗棠越讲越急切，林则徐暗暗点头，他有些明白左宗棠所谓"当务之急在防务"的话的真正含义了。

此时，林则徐的内心感慨万千，他也见过许多饱学善思的忧国忧民之士，但左宗棠的见解却实际可行得多。如果能少一些空谈国政、闭门造车之人，多几个左宗棠，那真是国家大幸！林则徐亲切地说道：

"我听陶公和胡林翼多次谈到，你于地理山川、攻城略地之术多所探究，林某愿得一闻。"

"宗棠数年无所用心，只是于舆地之学略有涉猎，愚见以为国家之大患不唯在东南沿海，也在西北边陲。"

"对极了，与老夫之见，不谋而合。听说你在 21 岁时就已关注新疆，还有一首诗，是怎么写的，读来我听听。"

左宗棠吟道："西域环兵不计年，当时立国重开边。橐驼万里输官稻，沙碛千秋此石田。置省尚烦他日策，兴屯宁费度支钱？将军莫更纾愁眼，生计中原亦可怜。"

"好诗，好诗，"林则徐赞扬后又问，"许多人把新疆看作不毛之地，主张放弃塞防，左君为何对新疆尤为关注呢？"

"只因西北边界绵长，而多年经营不力，俄国人甚至英国人都已磨刀霍霍，待机而动。而俄国人对西北的威胁尤其不容小看。英、法、日、德派军犯我领土皆因地理位置相距遥远而多有不便，只有沙俄与我接壤长达近万里，便利调动兵源、粮饷，且西北诸地远离中原，朝廷节制调度多有困难，一旦横生变故，极难应付！"

"说得好啊……"

　　林忠很少见到林则徐这样在一个初次见面的人面前鲜明地表明自己的态度——林则徐两颊微微泛红，对左宗棠的欣赏与爱重毫无保留地写在脸上，右手不停地抚摸着自己宽阔的额头。

　　左宗棠继续说："我们国家大，海岸线长，船炮都不敌夷人，但可以师夷之长技以制夷。造船造炮，改进军事装备，加强沿海要塞的炮台建设，同时组织'渔团''练渔屯'以自卫身家，而御外侮，有益无损，以战为守，更有把握。另一方面，不可忽视敌人从西北、西南的入侵，尤其是西北的新疆，领土面积占陆地的六分之一，英、俄都有迹象在那里下手，新疆不固，则蒙古不安，蒙古不安，则京师难保。西北臂指相联，形势完整，自无隙可乘。因此，若论国防，宗棠以为，东则海防，西则塞防，二者并重，缺一不可。"

　　林则徐亲戍伊犁数年，对于西北防务中的隐患深有感触，而沙俄对西北的野心，更是非到新疆而不可想象，虽然林则徐从感到问题的严重性的那一天起，就一直竭尽全力地呼吁朝野分一些目光到西北，但始终像投石入水，几层水纹之后依然如故，朝野各界往往都把眼睛盯在海上，对于背后的危险全然无所觉察。而左宗棠僻居湖南，竟能和自己一样提出西北防务的重要，不为时流影响，仅此一点，足以证明左宗棠的远见卓识。

　　"季高，我在西北几年，局势确如你刚才所言。让人痛心的是，西北非不富庶肥沃，吐鲁番、南八城，如经营得当，广开农事，美丽不下于东南，但西北屯政不修，官员不力，使根基浮动……我本有志于在新疆为国效命，但又蒙圣恩旨召入关，使事业未竟，至今想来，仍然是一大憾事……"

此时，林则徐展开了手中的那把折扇，上写他在伊犁时作的一首诗，其中有这样的话：嗟哉时事难，志士力须努。厝薪火难测，亡羊必补牢。

接着林则徐对在旁陪伴的长子林汝舟说："将我在新疆整理的那包资料拿来。"

林汝舟遵命从箱柜中捧出一个一尺见方的蓝布书匣，放到林则徐面前。

林则徐深情地说："季高，这就是我刚才所谈在新疆考察天山南北路的种种记载，其中有绘制的西北形势图，山川、道路、城镇、桥梁、水井等都是亲身考察过的。本来，我愿以有生之年经营西北，巩固边防。可惜已年迈体衰，又身不由己，无可奈何。据老夫多年考察，我与俄罗斯接界，由东北而西北，长达万里。而俄罗斯雄踞北方，带甲百万，其君王野心勃勃，四出扩张，连年征战，西域诸国，被吞并不少，仍贪得无厌。早年我与龚定盦（自珍）、魏默深（源）先生讨论过西北形势，认为为防俄罗斯觊觎我西北领地，应移民实边，开发西北，以卫边疆。且料定新疆来日必然生事，急宜曲突徙薪，预为之计。"

林则徐一口气说到这里，突然起身激动地说："终为中国患者，其俄罗斯乎！吾老矣，空有御俄之志，终无成就之日。数年来留心人才，欲将此重任托付。这几卷文书有我在新疆的地理观察数据、战守计划，以及俄国人在边境的政治、军事动态，以吾数年心血，交予足下，或许将来治疆用得着。"

左宗棠早已随之站起，愧疚地说："不才受林大人如此错爱，赋予国事重托，不知何时能够为国施展抱负，以慰林公？"

林则徐投以充满信任的目光，又意味深长地说："东南洋夷，能御之者或有人；西定新疆，舍君莫属！"说完，用有力的右手在左宗棠的肩膀上重重地拍了两下，用双手托起这个注满他多年心血的书匣。

左宗棠深知林公托付之沉重和庄严，立即躬身，高举双手，颤抖着从林则徐手中接过了这个一尺见方的书匣，动情地说道："学生左宗棠，谨受教训，永志不忘，有朝一日若能领受皇命，率军西征，定会赴汤蹈火，披肝沥胆，不敢辜负大人重托！"

林则徐挽着左宗棠的手走回到舱中的书案前。

"季高，吾与足下神交已久，终有今夜秉烛之缘，林某大愿足矣。临别之时，有一副对联相送，聊做纪念。"

说完，林则徐展纸挥毫，写下一副对联：

此地有崇山峻岭、茂林修竹；是能读三坟五典、八索九丘。

上款是：季高仁兄先生大人法正　下款是：愚弟林则徐

这副联语据说是乾隆时著名文人袁枚（字子才）为他的随园题写的。对联中的上联，是王羲之在《兰亭集序》中的句子，下联是袁枚配的，他本意是以此联自负，岂料对联出后，许多人不以为然，多有讥语，袁枚便撤下了这副对联。林则徐用来赠左宗棠，足见他对这位年轻人赏识之深和期望之高，也肯定了左宗棠有此等才学，受之无愧。

林则徐所赠此联，左宗棠终生引为荣耀。

林则徐写完上述对联后余兴未尽，又挥毫写了一联：

苟利国家生死以，岂因祸福避趋之。愚弟则徐与季高仁兄大人共勉之

左宗棠欣然道："敬领宫保大人明训。"他也提起笔来，仿佛不加思索，写下一副对联：

是能养天地正气，实乃法古今完人。少穆宫保大人教正，后学左宗棠敬书

林则徐欣喜地看过对联，夸奖道："先生真正地说出了老夫

的心愿，但愿不辜负此联。"

......

远处更鼓声声，林忠捧着茶分别放在林则徐和左宗棠面前，这已经记不清是林忠第几次上茶了。

"老爷……"

林则徐和左宗棠这才注意到向东的窗纸已经发亮了。左宗棠回过神来：自己和林则徐畅谈了一个通宵！这实在有失晚辈做客的礼数，赶紧起身告辞。

林则徐却兴致正浓。

"季高，先不要走，你过来。"

说着，林则徐缓步走到舷窗前，用力推开窗扇，一束彤红的阳光立刻从窗口斜射进来，映得林则徐的脸上也全是朝霞的颜色。

左宗棠跟着林则徐来到窗前，一眼看见远处树尖上的朝阳。这样的景色他看过不知道有多少次，但今天却是站在林则徐身后看，再加上那一夕长谈，感觉自然不同。左宗棠只觉得自己陡然年轻了十岁，一阵冲动让他想要飞出窗口，拔迈九霄，俯瞰湖湘大地——小，湖湘还不够，还有西北，还有大清朝的整块版图！

林则徐右手握住左宗棠的左手，左手指点着窗前的红日。

"季高，国家不能早日用你，是国家之憾，但又未始不是你的幸事。有了这些年的磨炼，才有了今天的堪当大任的左君。方今之日，国威不振，以我观之，你为国效力之时已不远矣；而厚积薄发，中年任事，正可有一番作为。比起廉颇、姜尚，足下正是这一轮朝阳啊！"

一席话说得左宗棠心潮澎湃，伏身再拜。

左宗棠在后来与友人的通信、奏折及各种文电中，多次追忆了此次会见时的情景：

是晚乱流而西，维舟岳麓山下，同贤昆季（指汝舟、聪彝）侍公饮，抗谈今昔。江风吹浪，柁楼竟夕有声，与船窗人语互相响答。曙鼓欲严，始各别去。

湘江夜话，生动体现了林则徐识英才于草野之中的雍雍大度，在中国近代史上传为佳话。

20多年后，左宗棠在任陕甘总督期内，大力开发西北，用兵边陲，舆榇出关，统兵收复新疆，收回俄占伊犁，五奏新疆建省，屯田垦荒，兴修水利，发展西北经济，为巩固西北边陲，创下一番大业，留下了不可磨灭的历史功勋，就是深受林则徐湘江夜话的影响，继承了林则徐的遗志，完成了林则徐的重托。

第六章

军政大权托付一书生

第一节　引凤归巢计赚宗棠再出山

咸丰四年（1854）一天上午，左宗棠在山上一块高地上打完一套拳路后，汗水淋淋，刚进屋洗梳换衣，张氏夫人便来告知，说长沙陶公馆来人了。

左宗棠穿好衣服后出来，只见陶府家人陶恭面带愁容、一身汗水地站在门前掏出夫人孝瑜的一封亲笔信，举双手交给左宗棠。

左宗棠立即展开信笺默读，还没有读完全信，便拍了一下桌子，发出一声怒吼："这骆秉章真是混账透顶，欺人太甚！"

"季高，出了什么事使你这样大怒？"周夫人此时脸色惨白、气喘吁吁地问道。

"你们看看，湖南巡抚骆秉章真是岂有此理！他在兵饷匮乏，筹款无法之时竟乱来一套，用绑架的办法敲陶公馆的竹杠！"

左宗棠和陶恭各骑一匹快马，径直奔往长沙。安慰女儿之后，便策马来到巡抚衙门，旁若无人、怒气冲冲地往里面闯。奇怪，平时戒备森严的巡抚衙门，竟让他径直而入。

左宗棠到了大厅，里面走出一位师爷，笑着说："来的是大名鼎鼎的左先生吧？骆大人等候多时了，请进！"

左宗棠没有好气，并不搭理，正要进去，从签押房里走出一个背脊略驼、面容清癯的老人，他笑容可掬地对左宗棠拱手道："真不容易呀，左先生终于光临了，鄙人在此恭候已久。"

"好个朝廷命官！你无理抓人，欲绑架我婿欲勒索万两银，还有没有王法？立即释放我的女婿！"

骆秉章哈哈大笑，说："左先生息怒，'释放'二字从何谈起！我昨天请公子来舍下留宿一夜，秉章奉为上宾，现正在后花园赏花呢！"他转身对师爷说："请陶公子。"

左宗棠听说并非绑架、勒索陶桃，气已消了大半，因还未见到其人，心中不免不放心。

"左先生，请到签押房里坐。"骆秉章满脸赔笑道，"左先生，秉章深知陶公为官廉洁，身后无余帛赢财,今日所谓捐银之事——"

正说着，签押房进来一人。左宗棠一见，感到诧异，起身道："岷樵兄，你怎么也在这里？"

"愚弟在此已多时了，只是苦等不到季高兄前来相会！"江忠源大笑，说："仁兄莫错怪骆大人，此乃鄙人在无奈中冥思苦想多日，顿生一计，骆大人欣然采用，用之竟灵验，鄙人喜不自禁。"

"噢，原来是你出的坏主意？"左宗棠对江忠源道，"外面传得纷纷扬扬，我劳累奔波且不说，夫人、女儿至今担惊受怕，你不是害得陶、左两家太苦了吗？"

江忠源笑道："仁兄在深山久居，难得来一趟活活筋骨。忠源知过，改日定去府上拜谢请罪。不过，不用此计，怎能使仁兄下山来到长沙，共商大事？"

正说期间，陶桃喜气洋洋地走了进来，向骆公、丈人施礼。

左宗棠见到陶桃在此备受礼遇后，便彻底消除了疑虑，他问骆秉章和江忠源："不知二位要宗棠到此何干？"

"鄙人如暗夜仰明月、大旱望甘霖，急盼先生协佐，保全长沙。"

左宗棠见骆秉章如此诚心，觉得出山入幕已不容拖延，便对骆秉章道："承蒙大人错爱，宗棠不胜荣幸，不容再作推辞。但宗棠脾气不好，遇事又好专断，不喜受人肘掣，恐日后不好与群僚相处，亦难与大人做到有始有终。"

骆秉章道："先生放心，鄙人今后大事小事一任由先生处理，决不干扰先生方略和决心。既然全权托付先生，群僚亦会欣然从命，不敢为难，请先生释怀。近日我便派人将先生家眷接来，安置长沙城内为妥。"

经过了多年苦读和"蛰居"的左宗棠决非徒有虚名。正因为他在实践中所表现出来的才能和施展的作为，使骆秉章对他的信任逐步加深，越来越倚重。一年以后，就全权托付于他，骆秉章只画诺签字而已。

左宗棠的权力，外间传说超过巡抚，故有人把他称为权压巡抚的"左都御史"。

有一日，巡抚衙门的辕门外发炮，骆秉章听到了，忙问："放炮有何事？"

旁边的人告诉他："是左师爷在发军报折子。"因为凡向朝廷发折子，都要放炮。

骆秉章点了点头，慢吞吞地说："把折稿拿来看看吧。"

骆秉章看过奏折后，点头赞许，并不介意。

按例，发军报折是很隆重的事，一般由巡抚亲自主持。骆秉章连折稿都没有看，就声炮发出了，可见左宗棠专权之甚，也可见骆秉章对他信任之深。

骆秉章是位涵养很深的人，他暇时常到幕府去坐坐，左宗棠和另外几位幕友高谈阔论，证据古今，谈笑风生，骆秉章只是在一旁静听。

属僚有事上白骆秉章时，他总是说："去问季高先生。"

自左宗棠入幕之后，骆秉章便心安理得当个后台老板、甩手掌柜。这样一来，清闲、省心、快活是不假，但"大权旁落"了，想办的事，现在做不了主，有时也感到颇为尴尬。

有一天，骆秉章入左室会谈，两情甚惬，于是从容进言道："有佐杂班中一个姓某的，到省已久，至今赋闲，能否酌情派一差使？"

左宗棠默然。

骆秉章见状，便继续道："实不相瞒，此人是小妾之弟。小妾向我恳求多次，我一直没有答应，直到今天，才向你开口。据悉此人小有才能，品行谨慎。佐杂班中如他这样，多有差使委派，似乎不应为避嫌而独令其向隅。"

左宗棠听后莞尔一笑道："我今日甚高兴，是否我们一起喝点酒？"

骆秉章欣然命酒。酒到，亲自酌之，左宗棠一饮而尽，再斟再饮，三斟三饮而毕，起身长揖，彬彬有礼地道："喝过三杯离别酒，左某从此告别矣。"说完催促仆人束装便行。

骆秉章骇愕不解，挽留道："这是为什么？"

左宗棠道："明人不烦细说。意见偶然不合，便当割席。君子绝交不出恶声，何必多言。"

骆秉章顿悟顷刻之失言，立即改容致谢道："刚才说的作罢可尔，骆某倾心相任，从善如流，此心可质天日。万勿因一时误会，致萌去志。"

左宗棠即席慷慨陈词道："当今什么时候？大乱初兴，军事倥偬，若想维系人心，急宜整顿吏治。倘若用人略一徇私，便足以贻误大局。左某诚知佐杂班中某人小有才而亦谨慎，未尝不可予以差使。但万一因派差之故，使官场疑中丞因专房之宠而派差，疑左某因徇中丞之请而谋位置。此声一播，则群小竞奔，志士灰心，以后无一事可为矣！此左某之所以告别，不忍在此亲睹公之失败也。"

骆秉章竭诚拜服道："公真益我哉！骆某受教矣！"两人欢饮而罢。

第二节 左宗棠怎样摆空城计

左宗棠组建楚军并当统帅，他分兵守婺源、浮梁，而亲自督军驻守景德镇。

太平军忠王李秀成率领一万五千人马从天京出发，借道江西，意在攻取武昌。他本不想与左宗棠的楚军交锋，但当他得知守石门镇的是绿营参将全克刚，便定了以速战速决、夺取粮草的攻城决心。

全克刚登上城头，眼见太平军如此浩大凌厉的攻势，吓得心惊肉跳，一面布置死守，一面飞马向景德镇告急，请左宗棠派兵救援。

左宗棠正要寻找机会与李秀成决战，一展楚军威风，得知这一危急情况后，立即派王开琳、王开化率领驻在景德镇的全部五千楚军，兼程向石门奔去。幕僚杨昌濬提醒道："季帅，楚军倾城而出，倘若李逆乘虚转攻景德镇，将如何是好？"

"不要紧。"左宗棠胸有成竹地说，"李秀成目前正全力攻打石门，不可能分兵；再说，他如何知道景德镇的兵力全部出动了？你就去传达我的命令：城墙上遍插旌旗刀矛，留城的三百老弱病残，只要能走得动的，都上城头，披挂整齐，日夜巡逻。"

王开琳兄弟率领五千楚军出城的第二天，留在景德镇城内的两个太平军探子暗自高兴，立即派出一人，将这一重要军情告诉李秀成，并建议分兵攻打景德镇。李秀成命他的养子李容发带三千人间道奔赴景德镇，临行时叮嘱道："左宗棠诡计多端，你到景德镇城下后，要实地仔细观察，千万不可莽撞行事。"

当李容发率部来到离景德镇五十里外的两路口时，城内已得知这一意外的军情。

左宗棠想，既然他的细作在城内，我不妨把戏演得更像样一点。他一面火速派人传令王开琳，立即带领三千人星夜回景德镇救援，一面在城内唱起他的空城计来。

一时间，景德镇城内沸沸扬扬，都说王开琳率部在石门城外马到成功，大败太平军，活捉了李秀成。楚军总部衙门张灯结彩，放起鞭炮，厨房里传出阵阵浓烈的酒肉香味。城内文武官员、各大商号老板以及社会名流，纷纷骑马坐轿，穿戴一新，来到总部衙门。左宗棠穿起四品朝服，在大门外笑容满面地迎接各方宾客。

这些情况，都被留在城里的太平军密探看在眼里，于是慌忙溜出城门，向正在行军的李容发报告。李容发一听到这个不幸的消息，义愤填膺，心急火燎，立即下令：全军掉头往回走。然而，到了傍晚，自知中计的李容发又杀回来了。

左宗棠亲自披挂上城墙指挥。城外的李容发见黑夜之中城楼上号令严肃，井然有序，不敢马上进攻，只是命令向城楼射箭放炮，吩咐部下绑扎云梯，准备在天亮时猛攻，定要活捉"左妖头"，以雪误中诡计之耻！

第二天清晨，就在李容发准备吹号攻城时，却不料左宗棠擂起战鼓，呐喊声震天。原来是王开琳率部已经赶到，太平军遭到了前后夹攻，阵脚大乱，李容发急忙率部冲出包围，向石门镇奔去。

关于这一次"摆空城""宴客退敌"有故事，有关史料记载了左宗棠的自述："此一役也，不佞实足以媲美诸葛公之空城计也。景德只剩一空城，贼军乘虚来攻，其危险真间不容发。不得已伪称祝捷，大宴群僚，说是已克复南昌、赣州两府。敌闻此两处已失，必回师返救。一往返间，最快亦须三日。而我援德兴、婺源之师已奏捷回矣。以得胜之军迎战贼人疲敝之众，故一鼓可破。"说罢以手捻髯，哈哈大笑。部将刘长庆问曰："主将之祝捷宴客，敌军又乌得而知？"宗棠笑曰："现在我军中，不知有多少敌军之间谍出没其间，实在防不胜防，我遂利用贼军间谍，代我暗通消息。此所谓一举而数善备焉。诸葛公之料司马懿必不敢入空城，我却料李容发必回师返救。"说罢微笑捻髭，洋洋自得，众皆拜服。

第七章

八面威风来巡海

第一节　慈禧赞扬左老三

在清政府开展洋务运动中，左宗棠上一奏折，明确提出要在福建建厂造船，此事立即在京城引起了轩然大波。

李鸿章爵相虽也想辟建水师，但认为雇购洋船则可，自造万万不行。他不便与炙手可热的风云人物左宗棠唱反调，乃与英使威妥玛及赫德一鼻孔出气，求他们出面游说老佛爷，说中国自强当广求新法于外洋，轮船器械以购雇为便，慈禧太后听了未置可否。

大学士军机大臣文祥在一次慈禧太后也在场的九卿房廷议中，慷慨激昂地朗读了左宗棠意见书中一段颇具"刺激"的话：

防海必用海船，海船不敌轮船之灵捷。西洋各国与俄罗斯、咪（美）利坚，数十年来讲求轮船之制，互相师法，制作日精。彼此同以大海为利，彼有所挟，我独无之。譬犹渡河，人操舟而我结筏；譬如使马，人跨骏而我骑驴，可乎？

文祥将这段话一读，满场鸦雀无声。

李鸿章想提出反对，又怕别人说他专与左宗棠唱对台戏，故暂不吭声。他用眼角余光瞟了慈禧太后一下，发觉老佛爷面色扫除了阴沉，原来太后对左宗棠的这个比喻却觉得很新鲜和贴切，过一会儿，她开金口了：

"左老三奏折讲的道理和打的比喻还是蛮好的，我们不能安于结筏和骑驴，老是被操舟和跨骏的人欺侮哇！"

老佛爷的赞许，打破了廷议的沉寂，六部大吏们大多认为左议甚妥，似应批复左宗棠交付实行。可是涉及钱的事，又谁都无有主张了。

无声久了，文祥便再破题，说："这事李大人认为——"

李鸿章说："动辄数百万两银，府库有没有那么多的钱？还是请老佛爷乾断吧。"

只见储秀宫的一名内侍贴近西太后，示意恭亲王奕䜣有话要单独与太后面商。太后出去了一阵。回到九卿房后，西太后问福建造船，需年耗多少，李鸿章拖长声音说："三百万两白银，几年内还造不出船来。"

慈禧一听，也觉得有点沉重，说："三百万两，不算多，也

不算少哇。"

恭亲王没吱声，只向西太后使了一个眼色。西太后低头寻思了许久，最后正了正坐，望着文祥说："左宗棠忧心为国，建厂造船，用心良苦，他的意见书义正词严，语出至诚，府库紧促，该办的事还是要办，给他吧，众卿以为如何？"

全场顿时沸沸扬扬，文祥带头叫起"好"来。

毕竟老佛爷一言九鼎，船局计划便付诸实施。

左宗棠这个奏折适应历史发展的需要，符合清政府自强御侮要求，故在这个奏折发出后二十天，即同治五年六月初三日（1866年7月15日），清政府就正式允准了他设厂造船的建议。

老佛爷发话和清廷下旨的消息传到福州，左宗棠又像镇平大捷那次一般抚髯长笑。

第二节　罗星塔下崛起中国首个船厂

左宗棠提出在马尾罗星塔下设厂造船，得到不少人的赞同。

光绪年间任船政大臣的裴荫森指出："马江地隶闽县，居省城、南台、林浦、鼓山之南，踞罗星塔之上游，三江交汇中间，港汊旁通长乐、福清、连江等县，重山环抱，层层锁钥，固沿海七省形势最胜之区。"

从设厂造船所需要的地理、地势、原料、燃料和人力资源，以及它在政治、军事、经济等方面的重要性来看，左宗棠将马尾选为福州船政局的厂址，是较为正确的决策。

左宗棠与法人日意格就设厂、制造、购器、雇匠、驾驶、经费和进程等一系列问题，"由粗而精，由暂而久，尽轮船之长，并通制器之利"。做了多次详细、周密的研究，拟订了《船政事宜》十条这一具体计划。

《船政事宜》十条是福州船政局设厂造船的总纲。它的主要内容是：购买外国机器设备，雇聘外国技术人员，在福州修建铁厂、船槽、船厂、学堂、办公楼、住宅；在铁厂开工后的 5 年内，用银 300 余万两，教会中国员匠学会造船和驾船，制造大小轮船 16 艘。日意格将此归纳为五项：一、兴建工厂与船厂，以修造船舶，并制造船舶所需的各种机器；二、建立学堂，以训练造船制器的工匠，并训练驾驶人员；三、雇用外国匠工造船制器，并教导中国工匠、匠首及艺童；四、修建拉拔式船槽一座，以修理船舶；

五、兴建铁厂一座,能将本省所产的铁以及在中国所能获取的废铁,熔炼并制成铁条铁板。

当日意格在其承担的建厂、驾驶、购器、雇匠等任务的计划上签字后,左宗棠又派员随日意格去上海,让法国驻上海领事对日意格承担各事画押具保。

海关总税务司赫德是英人,想把福州船政局置于英法共同控制的海关之下,也显示资本主义列强对华争夺的矛盾还不十分突出。另一方面,这对积极争夺并扩大其在华权益的英国却是正中下怀。当时,英国驻华公使威妥玛和总税务司赫德一伙,宣扬借法自强,"借购雇而专其利",竭力阻挠中国自己设厂造船。

英国驻福州领事贾禄,"闻有开设船厂之举,明知无所阻挠,多谓事之成否尚未可知"。"扬言制造耗费,购雇省事,冀以阻挠成议"。又说:"造船费大难成,不如买现成为便宜。"

10月6日,总理衙门根据设厂造船,"中国既可收自强之效,外族亦可免觊觎之心",写信给左宗棠说:"无论若何为难,总期志在必信,行则必成。"

总理衙门没有因贾禄等洋人的说三道四而畏缩,反而增强了设厂造船的决心。信里极力称赞左宗棠:砥柱中流,留心时事,以自强莫先于海防,以海防莫要于造船,将来举办成功,实足以震慑中外。法国既有此论，中国尤应极力讲求，不致因外国稍有阻挠，致形松懈，宜熟商办法，妥定常章，并严其考察，课其成功，以期饷不虚糜，功归实用。

左宗棠在当时强调"自强莫先于海防，海防莫要于造船"，排除各种阻力与干扰，在清朝政府中所起的作用，总理衙门以"砥柱中流"作评价，是恰如其分的。

第三节　为聘船政大臣三顾沈门

当船政正在全面建设之时，清廷急调左宗棠任陕甘总督。左宗棠觉得沈葆桢确是接他办船政的最佳人选，于是他在书案前一坐挥笔疾书，请沈兄出山。

专足来到文藻山沈寓，沈葆桢看了左的信，佩服左的文字无可挑剔，但不稍犹豫便草就一纸复信烦专足奉上左公。原因是此时不少人视船政为畏途，不敢承担，何况，他又重礼仪，守节孝。

左宗棠一看，知道他这是为母亲病故守孝，不应做他事，几句婉言谢绝之词。

第二天，专足再持左大人书信求见，沈葆桢还是委婉推辞。

那一天礼拜日，船政学堂按照洋教习的规矩，不上课，林泰曾上二姑妈家玩，沈葆桢知道他入了船政学堂，随便问了问学些什么。没想到这一问把沈葆桢不肯出山的想法动摇了许多。他意识到左宗棠在干实事，为国求才，人家已经三番两次修书相邀，他却左辞右谢，有些内疚。

左宗棠见写信不起作用，知道这种人不是可以招之即来的，于是将虞绍南叫来，说："你去备两匹马，我们俩去办件事。"

"去哪儿？"

"上茅庐。"

"茅庐？那在南阳卧龙冈呀！"

"茅庐嘛，到处都有的。你忘了，湘阴柳庄、青山白水洞不也曾经是茅庐吗？"

左宗棠与虞绍南到了沈府后，沈夫人热情接待两位贵客，并亲自去后院，把正在菜园里寻菜的沈葆桢叫来。可沈葆桢却为难地说："左大人亲自登门来请，本当前去效力，只是我未丁忧尽孝，实难应命。再说，官场我早已看破，不会再陷入其中，左大人在上，请容我违抗旨意了行不行啊？"

左宗棠左说右说，未能说服沈葆桢。他先后亲自登门两次仍然如此，这不得不使他深为失望和烦恼。他突然想到：请将不如激将，决心再与虞绍南一起三赴沈门。

第三次登沈门时，沈葆桢说："左大人屈驾，竟然三顾寒舍，令幼丹诚惶诚恐。"

左宗棠再次耐心地向沈葆桢劝说："总理船政究与服官不同，所履之地并非公署，所用之人亦非即官，无宴会事，不以素服为嫌，公事交接可用函牍往返，不以入公门为嫌。且在籍监造不为夺情，久司船政正可侍养严亲，于忠孝之义究亦两全无害。若以事非金革勿避非宜，则此局所关非徒一时一地之计，谓义同金革也可，谓更重于金革也亦可。"

虞绍南以为他挟着的那包东西是什么礼物之类的，便一个眼色提醒他，送上点礼再说。这一提醒倒使左宗棠心领神会，便将那包东西一股脑儿递在沈葆桢手里。

沈也以为是礼物拒不接受，说："沈某从来不收这些东西，还望左大人海涵。"

"这不是礼物，是你们家的东西，我是完璧归赵。"左宗棠面容严肃，一本正经地说。

沈葆桢接在手中，望望夫人。夫人林普晴也莫名其妙，不知左大人葫芦里卖的是什么药。

"这是什么？大人就直说吧。"沈葆桢只好打开来看看，原来只是一包旧得发黄的书稿、文牍之类的古董。

"这……"夫人一旁纳闷着。

"夫人，这是令尊大人林文忠公在流放新疆时的一些耳闻目睹的政事要览、舆地札记，是一个有心人的笔记。我在长沙见到他老人家时，他交代我西边国土之重要，要我为国操心，一旦有事就要确保边防，以求西北一隅之长治久安。今番朝廷鉴于西北多事，无人派遣，圣旨下达，命我移督陕甘，怎奈马尾船局方在草创，这也是一件大事，我丢下不管也不好，只好回复圣上，不是我抗命不从，实在是福州的事丢它不下。所以今特将林大人的重托交还给他的子孙后代，他们怎么处理，与我左宗棠无涉，葆桢兄看着办好了。"左宗棠一席"激将"词，沈葆桢听了顿时目瞪口呆。

沈葆桢陷入沉思：圣上之命，谁敢不从？左去西北，正是岳丈林老大人生前之托，而今他如因船局之事，罔顾西北，上面见罪下来，左大人何词可置？他望望夫人，夫人望望他，二人木然以对。

当沈葆桢夫妇沉吟不语，待至他们猛然惊醒时，不见了左大人二位，忙走出柴扉一看，两匹马已去远了。

左宗棠三顾沈门，请沈葆桢出山主持福州船政，确有其事。同治五年（1866）九月十三日左宗棠上《请简派重臣接管轮船局务折》中说：

臣曾三次造庐商请，沈葆桢始终逊谢不遑。可否仰恳皇上天恩，俯念事关至要，局在垂成，温谕沈葆桢勉以大义，特命总理船政，由部颁发关防，凡事涉船政，由其专奏请旨，以防牵制。

在这份奏折中，左宗棠富有远见地为沈葆桢要了一把"尚方宝剑"——颁发关防，以防一些人对船政牵制。

福州船政局坚持学堂开设的每个专业，都必须采取将书本知识与实践相结合的教学模式，非常重视培养学生的实际操作能力。

为了不亦步亦趋地永远跟在外国人后面，福州船政注重探本求源学习西方先进的科学技术，以达到最终赶超西方的目的。

首任船政大臣沈葆桢以其敏锐的洞察力和卓越的见解，1873年曾上奏朝廷准许福州政局派人到英法留学，进一步学习西方近代科学技术。他主张学习法文的前堂到法国"赴法深究其造船之方，及其推陈出新之理"，后堂学员到英国"深究其驶船之方，及其练兵制胜之理"。在此以后，1877年、1881年、1885年三次共有

88 人到西方学习。通过派遣留学生到西方发达国家学习，造就了中国海军最早的一批军事科技人才，推动了中国海军近代化的发展。

这批留学生具有扎实的基础知识和丰富的实践经验，成为当时难得的科技栋梁之材，回国后在军事、政治、交通、文化、航海技术等方面发挥了重要作用。

回国留学生带回西方先进的科学技术和文化知识，促进了中国近代海军教育事业的发展，对清末其他船政学堂起了前驱示范的作用。1885 年李鸿章亦心悦诚服地说："闽厂驾驶、管轮学堂之设，其意极为深远。"

福州船政学堂从 1867 年创办到 1907 年停止招生，前后 40 年共有毕业生 510 人，制造班毕业生 143 名，驾驶班毕业生 241 名，管轮班毕业生 126 名，先后共有 88 人出洋留学。福州船政局不但为中国海军的发展建造了大量新式军舰而且为中国近代海军的发展培养了一批灿若星辰的科技人才。正因为如此，福州船政局被后人誉为"中国海军的摇篮，近代第一批科技队伍的产生地"。

福州船政局始终坚持爱国主义，振兴中华的育才宗旨。船政局的毕业生大多具有爱国主义思想，他们中的不少人为了捍卫祖国的尊严和领土完整，在马江之战和甲午海战等反侵略战争中献出了自己宝贵的生命。

第八章

狼子野心的人在边境

第一节　沙俄占我新疆宝地

在我国版图的西北部，有一块辽阔、富饶而神奇的地方，是我国西北边疆的战略要区和安全屏障，它便是新疆。

新疆东接甘肃、青海，南界西藏，西南以喀喇昆仑山与克什米尔、巴基斯坦为界，西以帕米尔高原与阿富汗为邻，西北与塔吉克斯坦、吉尔吉斯斯坦、哈萨克斯坦和俄罗斯接壤，东北与蒙古人民共和国毗连，幅员辽阔，约占我国总面积的六分之一。

中国文献上的"西域"，指中国的西部疆土，又包括中国西方疆界外有联系的地方，从远古时代即与中国内地有着密切联系。《山海经》和《穆天子传》对葱岭以东的山川形势和风土物产均有记述。

为了反击匈奴奴隶主的入侵，公元前 2 世纪，西汉政府曾两次派张骞出使西域，沟通了中原与西域的交通，更密切了相互之间的联系。

汉宣帝神爵三年（公元前59年），匈奴内乱，管理西域事务的日逐王归诚汉朝，汉宣帝命郑吉为西域都护，设都护府于乌垒（新疆轮台），"都护之置，自吉始焉"。从此，西域成为中国不可分割的一部分。汉朝以后，历代相沿，都在西域设有政权机构管辖这块广大地区。汉、唐、元统一西域，为清朝统一西域奠定了巩固的历史基础。

清康熙年间，为了维护祖国的统一与安定边境秩序，清政府出兵戡定了准噶尔部封建主噶尔丹的叛乱。乾隆年间，1759年12月13日，清政府"宣示中外"，将西域改名新疆，设立了以伊犁总统将军（通常简称伊犁将军）为首的各级军事、行政机构，统辖包括巴尔喀什湖以及帕米尔在内的广大的新疆地区，清政府在新疆西境设立了许多卡伦（哨所），定期派兵巡查。清朝的官方文献《钦定大清会典图》《大清一统志》等，都标明中国西部边界在巴尔喀什湖，至于斋桑泊、伊塞克湖则是中国的内湖。

居住在中国西北部的维吾尔、回、蒙古、哈萨克、塔吉克、柯尔克孜、汉、乌兹别克等各兄弟民族，共同开发了这块美丽富饶的祖国边疆，并在劳动生产和斗争实践中，同全国各兄弟民族共同创造了祖国的悠久历史和灿烂文化。新疆是中国不可分割的一个组成部分。

1864 年签订的《中俄勘分西北界约记》，俄方签字代表巴布科夫，在其著作中写明中国的边界在巴尔喀什湖的北岸。

1958 年苏联政府审定的《苏联历史地图集》所画中国的边界，直到 19 世纪还在巴尔喀什湖。但是，自从沙俄的侵略势力不断向东扩张以后，中国西部和北方的领土受到了严重威胁和贪婪鲸吞。

沙俄是一个欧洲国家。16 世纪末叶，沙俄开始越过乌拉尔山向东扩张，用剑与火开路，逐步并吞西伯利亚的广大地区。17 世纪上半叶，它的侵略势力扩张到了我国的黑龙江流域。1689 年（康熙二十八年），中俄双方签订了《尼布楚条约》，从法律上肯定了黑龙江和乌苏里江流域的广大地区都是中国领土。订立《尼布楚条约》时的中俄边界谈判，是"正式的平等的谈判"，"该约巩固并扩大了两个邻国人民的和睦关系"。但条约签订后，沙俄帝国主义却背信弃义，在第二次鸦片战争期间，乘机采用外交讹诈与军事威胁双管齐下的卑劣手法，先后于 1858 年、1860 年强迫清政府签订了不平等的中俄《瑷珲条约》和中俄《北京条约》，割占了黑龙江以北、乌苏里江以东一百多万平方公里的中国领土，同时，为它在中国新疆西部扩大侵略制造了借口。

从 18 世纪中叶开始，沙俄向中亚进行领土扩张。嘉庆八年

（1803），沙俄侵略军侵入中国新疆西北部的斋桑泊地区。之后，继续向东扩张其侵略势力，对中亚三汗国浩罕、布哈拉和基发进行征服战争，并力图把它的魔掌伸向中国的新疆。

1847 年，沙俄出兵侵占了中国的巴尔喀什湖东南的喀拉塔勒河、伊犁河等七河地区。1851 年，沙俄乘势胁迫清政府订立了《伊犁塔尔巴哈台章程》，清政府被迫开放伊犁、塔尔巴哈台（塔城）为商埠，沙俄攫得在上述地区的通商、贸易免税、自由居住、传教等特权。此后，沙俄加紧了侵略中国西部边境的步骤，19 世纪 50 年代末，已经侵占了巴尔喀什湖以东、以南的大片中国领土。

1864 年，清政府被迫签订了《中俄勘分西北界约记》，沙俄割去了巴尔喀什湖以东、以南四十四万平方公里的中国领土。

这么一大块西部国土，就是这样被沙俄割去的。野心勃勃的沙皇，还远未满足他的胃口。19 世纪 60 年代，沙俄完成了中亚重要据点的占领。60 年代末和 70 年代，沙俄并吞了浩罕、布哈拉和基发汗国。沙俄领土与中国西北边境接壤后，新疆岁无宁日了。

伊犁地区，在经济上是富庶之区，物产丰富，是新疆西部的粮仓；在军事上，是北疆的门户，易守难攻，沙俄早有侵占伊犁之心。

1870 年，阿古柏匪帮的势力扩张到了乌鲁木齐等地。1871

年7月，沙俄乘虚而入，派兵侵占伊犁，"宣布伊犁永远归俄国管辖"。

这时，沙俄一方面侵占伊犁，另一方面竭力拉拢阿古柏匪帮，阴谋使阿古柏变成它侵吞南疆的工具，形成南北夹击，鲸吞新疆的形势。

但是事物的发展，恰恰出于一切反动派的想象与估计之外，此间中国站出来一位民族英雄，指挥西征军，不仅在1876年8月收复了乌鲁木齐，并且在1878年初彻底歼灭了阿古柏匪帮，收复了南八城，为收回被沙俄长期侵占的伊犁创造了有利条件。所以，在19世纪70年代末，中国与沙俄间发生了紧张的伊犁交涉。

第二节　民族分裂主义者引狼入室

19世纪中期初夏的一天，中亚乌兹别克斯坦塔什干附近的一个小镇，脏乱的街道中央一块稍宽敞的地方，围着一大群人，挤得密密麻麻，水泄不通。后面的人唯恐看不到，踮着脚尖、伸长脖子，如同一群鸭被无形的手捏住提着。原来他们在围观一个"丰姿秀美，舞姿玲珑"的街头年轻舞师的表演，观众中不时发出阵阵喝彩声。顷刻间，舞者摘下的草帽中落下了一大把钱币。青年舞师彬彬有礼地向施币者鞠躬。当他擦擦汗水，准备再次起舞时，有个小伙扒开人群，嗓音颇大地喊道：

"阿古柏，别跳了，你家阿爸进了一头大牛要杀，请你去帮忙。"

"你是不是诳我？"

"这号事谁会跟你开玩笑，是阿爸让我来叫你的。"……

舞者相信了，不再表演。观众余兴未尽，只好怏怏地散去。

阿古柏是浩罕汗国人，出生在一个卖肉的商人家庭。他从小爱好舞蹈，经常在市集里、茶馆内跳舞，名声逐渐远播，有时连宫廷贵族也来请他。他又善于攀缘权贵，于是便逐渐飞黄腾达。

历史的发展往往是不能事前想象和预料的。谁能想到，这个中亚小镇上的"胡人"舞师，后来竟"舞"到我国的新疆来了，导致了整整 13 年，新疆全境"魔怪舞翩跹"；谁能料到，这个中亚小镇上的"胡人"舞师，后来竟变成一头凶残的"狼"，撕咬、吞噬了新疆无数生灵，给中华民族带来了严重祸患，特别是它与更为凶恶、贪婪的"北极熊"狼狈为奸，为其作伥，差一点咬掉了"雄鸡尾巴"——中国六分之一版图！真是令人不可思议，不寒而栗，不胜感叹！

阿古柏从当舞师起家，在接近了浩罕汗国的宫廷贵族之后，摇身一变成为军官，逐步地爬上了浩罕汗国军事长官的职位。到了19世纪60年代，当上了新疆西陲浩罕汗国摄政王的帕夏（总司令）。

1864年9月，回族封建主金相印攻陷喀什噶尔的疏附（回城），清军坚守疏勒（汉城，喀什由汉城、回城组成），金在久攻不下之时，竟向中亚的浩罕汗国请兵援助。

1865年春，浩罕汗统治者派遣军事头目阿古柏（1825—1877）率军入侵新疆，侵占喀什噶尔，先后攻陷南疆英吉沙尔、库车、阿克苏等地，其反动势力扩至辟展（鄯善）以东的七格台。

1867年，阿古柏悍然宣布成立"哲德沙尔汗国"（哲德沙尔，七城之意，指喀什噶尔、阿克苏、库车、莎车、叶尔羌、吐鲁番、和阗），自称"毕条勒特汗"（意谓洪福之王）。中国史书上也有称阿古柏政权为喀什噶尔王国的。金相印背叛祖国，引狼入室，罪恶深重。

1870年，阿古柏匪帮侵入北疆，打败自称"清真王"的妥明，侵占乌鲁木齐，其反动势力向西扩张至玛纳斯（绥来）。

同治九年八月（1870年9月）阿古柏攻占吐鲁番，十月又越天山侵占乌鲁木齐地区。至此，这头凶恶的豺狼吞食了我国新疆吐鲁番以西和乌鲁木齐等天山南北广大地区。

阿古柏侵占我国喀什噶尔等地后："所用各头目皆其种类；即未充头目者，亦无不倚势作威，相助为虐。"

阿古柏侵占南疆，建立了"哲德沙尔汗国"，把他的反动势力向东扩张到吐鲁番以东的辟展，并横越天山，向北扩张到乌鲁木齐、玛纳斯，沙俄又侵占了伊犁，因此，清军反而局促于塔尔巴哈台、古城、哈密一带的狭小地区，祖国新疆几乎沦为异域。

还有一个不利情况，当时肃州被回民起义军占领，河西一路尽是荆棘，要不是打开一条路，怎么能出嘉峪关呢？只好无形放弃了。况且给与派遣的官员库克吉泰的使命，分明只是督办新疆北路的军务，那么对于南路，分明更是有心放弃的了。

就在这种形势下，清廷急调左宗棠，任命其为陕甘总督和钦差大臣，全权督办陕甘军务。

同治五年(1866)九月，左宗棠在福州接到清廷调他去陕甘的命令后，向朝廷请求推迟三个月行程，以便刚刚起步的船政大业周到交接。

三个月也只是一眨眼工夫，他要在三个方面做出妥善安排并非易事。

首先在船政方面，沈葆桢出山之后，一切都逐步走入正轨。只是胡雪岩一再催促要打通北京，继续把汇丰等几家洋行的资金周转融通关系落实好，还得西太后说句话才行。

沈葆桢已经开始作为船局总理大臣直接向朝廷进言，为左宗棠辩解，指出"自强之道与好大喜功决不可混为一谈，京中浮言不应摇动福州"，并大胆谏言"如船局停办，则不免前功尽弃，鹊巢鸠居，异族之垂涎可虑"。

左宗棠是要到陕甘去整顿地方秩序的。这第二个方面也是还在福州就必须通盘计划，早做调配的。沈葆桢既已成为他的左手，船政由沈来抓，左宗棠便要虞绍南充当他的右手，急速办理一大堆西去之事。

首先就是他要有一个可靠的带兵的大将。他选择了刘典作为他的帮办军务大臣，并要虞绍南火速告知刘典即带六千人出湘，在汉口等他；知照陕西巡抚刘蓉，让一万四千名湘军就地待命；同时在闽浙启动三千之师跟进陕甘；高连升在广东也接到左宗棠的密令："密领一军北上河北。"就这样，兵力还嫌少，又通过曾国藩要了刘松山一支好几千人的老湘军。

东南多水，水师在与太平天国作战时发挥过不少作用。此番西去，则马当为军用之先。左宗棠又预计安排，立即派人去张家口买马。一张张军械采购清单源源不断交到胡雪岩手中，要他从上海将此等作战物资直接往西安、兰州调运。

第三方面那就是家事了。左宗棠这一去，夫人、小姐、儿子、儿媳和孙子等一家人，都得送他们回故乡。

正踌躇间，谁知第二天就来了一道寄谕，也可说是来了一道金牌。陕甘的形势在朝坏的方向发展，回民闹事像滚雪球似的越滚越大，皇上催左宗棠火速离开福州，经湖南，回京陛见。

第一道圣旨：御赐左宗棠一个正式头衔——进士，并授左宗棠钦差大臣；这第二道圣旨是"六百里加紧"送到的。（清代颁发廷谕按公文急迫分为三个等级："马上飞递"要求驿卒日行三百里；"紧急"要求日行四五百里；"六百里加紧"要求日行六百里以上，连人带马日以继夜快递）

周围的人都屏声静气，左宗棠立即展开廷谕：陕西捻情益急——西捻由许州西上，已绕过潼关、商州，越过秦岭，扑向华阴。陇州、分州之刘蓉军堵截不利，在华州被捻军击败，伤亡达七百余人。兹着左宗棠即赴陕甘，暂毋庸来京。……

看了催促赴陕之谕，可见清廷惊恐、惶急之情。

左宗棠毅然做出决断，说："绍南，你到亲兵营把蔡十斤叫来。"待虞要走时，左宗棠又把他叫住，再给上海胡雪岩去封急函，速调五万斤火药至汉口；复告江宁曾国藩，求他即遣刘松山部十七个营即日开赴潼关；陈湜在兰州，也速去信让他待机而动。

左宗棠多有出奇兵的经验，也有中埋伏的教训。总之，他是个沙场老将了，战场一铺开，要面面俱到。他认识到转战陕甘不比在东南的任何一次军事行动，粮草、给饷的准备调运将是决定一切的，所以一方面运筹兵力的调集，同时向朝廷提出最起码的要求。

临到快要走了，台湾有事告急，列强虎视眈眈，多次派人进入台湾以经商为名，行探听之实。而台湾军备，荒废多年，几无守备可言。在福州的最后几天，还得抓紧做出部署。左宗棠本想东渡台湾海峡，饬吴、刘二人实心任事，未雨绸缪，以为东南奠此岩疆。这时也来不及了，只好一方面书告吴、刘，勿得辜负重托，愧对皇天后土；另一方面奏陈朝廷敕下该臣等随时会衔陈奏。这种情形下，他本人就是一心二用，也鞭长莫及了。

1866 年 12 月 16 日，左宗棠最后一次巡看了船局各处工地，准备起程。他原想与周夫人和全家同行到汉口，然后再分手，周夫人径回长沙。但是因为两个儿媳将分别于十月和十一月分娩，旅行不便，因此他决定单独先走，周夫人和全家暂留福州，等儿媳分娩后，调养一些时日，再从海路经上海去汉口。

福州士民要给左宗棠送行。左宗棠拒绝了所有的饯别酒，也不会见任何送行人，让军队先出城，先上船，然后自己带着几个人在别人不知道的时候离开了福州。

第九章

举世敬仰大英雄

第一节　兵饷粮运艰难不已

中国有一句成语，叫作"士饱马腾"，形容军队粮饷充足，士气旺盛。唐·韩愈《平淮西碑》说："士饱而歌，马腾于槽。"唐·陆贽《论关中事宜状》写道："此四军者，皆声势雄盛，士马精强。"总的说来，西征军饷是极其困难的。因为，西征军饷是按协陕甘军费，由各省关每年协饷820余万两。

同治十三年十月（1874年11月），左宗棠说："总全局计之，非确得实饷300万两，难以支持。"故奏请清政府允由胡光墉借洋款300万两，由江苏、广东、浙江三省协饷内，"分作三年划还"。

在收复新疆的艰难岁月里，因为军费开支较大，一年需800多万两银子，而国库只能拨下500多万两，而实际到位的只有200多万两，中间有四分之三的缺口。因此，军营粮草极度紧张，吃上顿没下顿，忍饥挨饿已属家常便饭。但是，将士们没有一个人对左公有什么怨言。

在这份折子里，左宗棠又主动提出将借洋款的数目由一千万两减到四百万两。

朝廷见到这份复奏，觉得应该接受左宗棠的请求，便报告了慈禧。

慈禧太后阅完左宗棠的复奏，发话道："左宗棠真心为朝廷着想，也不能太为难他！那四百万两也太少了吧？……"

慈禧太后说出的话，具体办事的大臣们谁敢不听？于是，立即将借洋款的数目增加到了五百万两，又从户部库存里拨给二百万两，并向各省下达命令，要他们应将西征协饷提前拨给三百万两，终于满足了原来的一千万两之数。

"兵马未动，粮草先行"，这是行军打仗的一个重要原则；西征军出关，"筹甲兵即先筹刍粟"。及时解决粮、运两事，是制胜关键，其重要性非同一般。换句话说，关键时刻没有粮，或关键时刻运不上，就会导致战争全局彻底失败。

左宗棠在给沈葆桢的信中说："西事筹兵非难，惟采买、转运艰难万状。"这就反映了粮运比筹兵、筹饷更难。

比筹饷、筹粮更难的筹运输，究竟难在哪里呢？这是因为：

首先，路太远，由甘肃凉州（武威）经甘州（张掖）、肃州（酒泉）到安西有 1460 里，再由安西越哈密到巴里坤和占城有 26 站，计程 1987 里。由凉州到古城全长 2447 里。

其次，路难行。由凉州到肃州，特别是肃州到古城，"道路绵长，又多戈壁，车驮驼只均须就水草柴薪之便，憩息牧饮"，可沿途台站少，无水无草，还要翻越天山，来回需时 80 天。加上酷暑寒冬，其路之难行，可想而知。

最后，运输更困难。一方面是运费昂贵。另一方面是因"路多沙石，用驼为宜"，可是，驼只非农所畜。

在极其艰难的粮食运输过程中，发生了很多事件和故事。粮草全靠运夫几千里甚至上万里"迢迢"运来的。左宗棠当然要高看运夫一眼，把他们视为"一等功臣"。

左宗棠在运夫面前或在人前常说："现在，运夫是老大，百姓是老二，我左宗棠是老三。"

这一"口封"传开后，运夫们受到极大鼓舞。"是啊，过去长官和士兵都可以欺侮我们，现在左大帅给我们撑腰，'丘八'们都客气多了。"

有一天，运送粮草给养的运夫走到一块萝卜地，一个运夫忍不住饥渴，到地里拔了一个萝卜，往身上"皴"了一下，不顾还带着沙土便大口吃起来。刚巧，被种萝卜的老农看到了，便跑过来论理。因为他更担心别的运夫效法，这样一来，这块好不容易种出来的萝卜地不是将被拔光了吗？

"你怎么可以随便拔我的萝卜吃？"

"老子千里迢迢运送粮草，唇焦舌干，拔个萝卜解解渴，你吃喝什么？"

"你这个人好不讲理，我在这片干旱的沙漠边缘种块萝卜，费了多大的力气！萝卜正在长，你怎么能拔？再说，我种下的萝卜是给你吃的吗？"

"不给我们吃，给谁吃？"运夫因受左宗棠"口封"为"老大"，便强词夺理，一个劲地与老农争吵，并不认错。

"左大帅带的兵和雇的运夫，都是不欺压百姓，拿乱百姓东西的，你怎么敢违反军规，我找左大帅评理去！"老农也毫不示弱。

就这样，急了眼的老农便拉着运夫来到左宗棠的大帐，状告运夫偷吃他的萝卜。

左宗棠听完后，笑着说："你是老二，他是老大，老二理应尊敬老大。现在老大因饥渴吃了老二一个萝卜，这算不了什么大事，不值得争吵。老二种萝卜有功，老大吃萝卜合理。"

左宗棠又对运夫说道："老二辛辛苦苦种的萝卜，也不能随便可以拔着吃，你说是吧？"

"对对对，"这时，以"老大"自居的运夫一个劲地点头，认识到做法不对。

左宗棠说到这里，运夫和老农听了都觉得在理，觉得大帅对他们都很尊重，没有偏袒谁。

"老二，你种萝卜不全是供自己吃吧？"

"我种出来后自己留下一小部分，主要是拿去出卖。"

"这不是好解决了吗？老二种萝卜，老大吃萝卜，我这个老三付萝卜钱，合情合理。"说完，便吩咐随从，从自己的住房里拿出一串铜钱给农夫，还问了一句："够不够？"

"够了够了，没有这么值钱，还多拿了呢！"

"多了就不必退还了，算是奖赏给你荒漠种菜、还敢于较真儿。"

三人都哈哈大笑起来。

这个故事广为传播。农夫受到保护，运夫们都受到教育，他们此后都自觉地不随便拿老百姓的东西吃。

这个故事很值得玩味。左宗棠在处理这桩纠纷可谓"神来之笔"，"老大"赔钱的本身，就是对"老大"的一种教育与感化，也把"老二"推向了惭疚的境地，让"老二"的心灵同样受到震动，且因拿了大帅个人腰包的钱而感到羞愧。左宗棠以"老三"的身份，深刻地教育了"大哥""二哥"。在这一过程中他的机智与谦恭，其实正是他的利民、爱民、为民的"民本"思想的充分体现。

第二节　天下之事作吾事

清末同治十三年(1874)，直隶总督李鸿章曾公然主张放弃新疆，声称："徒收数千里的旷地，而增千百年之厄漏，已不为值"，"新疆不复，于肢体之元气无伤"。左宗棠则力排众议，坚持正确主张："东则海防，西则塞防，二者并重。"并以衰年报国的决心、坚忍不拔的毅力、卓越的军事韬略，在极端困难的条件下，硬是打赢了这一仗。

对此，美国人史密斯在1890年出版的《中国人的气质》一书中有如下的描述：

1873年，中国将军左宗棠受命清政府，进军巴克尔和哈密，平息伊斯兰教徒起事，然而左的军队在到起事地区的一年内，就进军天山两侧，横扫起事者。……其伟绩可以这样评价：在任何现代国家的史册上都是最卓著的。

当时西征军的困难是多方面的，如上已述：军饷不济，军粮奇缺，运费极贵，凡此等等，的确是"几乎不能克服"的巨大困难。左宗棠在一封家书中也说："西事艰难万分，人人望而却步，我独一力承担，亦是欲受尽苦楚，留点福泽与儿孙，留点榜样在人世耳。"左宗棠还说："某齿髦，岂不自爱。苟吾身一日不出，时局之外，天下事，吾事也。""孱躯荏弱，年已七十，老病日臻，只缘身在事中，不敢有所诿谢。论者辄以壮侯无逾老臣相况，非所宁也。"

读了左宗棠这些家信和给友人的信，可以清楚地窥见他的思想矛盾和内心世界。想一想看多少高官、大吏，在京城豪宅内，在幽雅别墅里，山珍海味，犀箸厌饫，笙歌曼舞，仙乐悦耳，春光满园，秀色满眼，享尽人生之福。再看看左宗棠，年近七十高龄，疾病缠身，在远离妻子亲人的荒凉无垠、高寒缺水的戈壁大漠里，在与士兵同甘共苦的金戈铁马大营中，空旷寂寥，风沙弥漫，笳鼓悲咽，青灯孤影，案牍劳形，须发熬白，连年征战，屡胜强敌，终于收复了160多万平方公里、占祖国领土六分之一的神圣而美丽的国土。那里有终年积雪的崇山，碧绿青葱的草地，奔腾湍急的河流，恍如天镜的湖泊，肥沃丰腴的耕地，蕴量极富的矿藏，可以供子孙万代开垦、劳作，居住、生息，建设、美化、行走、游览……左宗棠以无私无畏的气概和自我牺牲的代价，换取了中华民族的生存发展空间、人民永久的安宁和长远的幸福，为后人树起了一块高入云霄的丰碑，留下了一部横贯天地的巨卷。

一百多年前美国人史密斯在评论左宗棠的所作所为时，曾将其提升到"中国人的气质"。当今，正在从事中华民族伟大复兴使命的国家之官，科技知识界的栋梁之材，企业事业中的民族精英，及至在普通工作岗位上的芸芸众生，是否应该继承和发扬左公的这种"中国人的气质"和精神，学学他给我们后人树立的光辉榜样？答案应该是肯定的。这兴许是我们这个国家和民族的希望所在。

1878 年 12 月 31 日清廷派遣的特使崇厚抵圣彼得堡，三天后即与俄国外务大臣格尔斯会晤，向沙皇亚历山大二世呈递国书，而后即与格尔斯进行谈判，又同外交部首席顾问势梅尼及驻华公使布策等往返折冲。

俄国人对他的款待是精心安排的迷魂汤，他们"阳为好语"，"阴则恫吓"。崇厚身陷异国，头脑里装的不是西太后的嘱咐，更不是左宗棠的奏疏，而是李鸿章的一句话——只要能收回伊犁，其他一切都好商量。

在持续半年多的数十次谈判中，昏庸的崇厚完全失去了警惕，丢弃了原则，迷惘于俄方代表的诱骗，甚至还向清政府美化沙俄这个侵略成性者对中国"无图利之心"。晕头转向的崇厚对俄方提出的一系列苛刻条件无动于衷，坦然承诺：一、商务，三条：开放西边让俄人自由通商，由俄方设领事馆；二、界务，也是三条：伊犁西南均予重新划定，塔尔巴哈台界往东移出一大块，未定界重新划清；三、赔款，代管伊犁要交一大笔钱；等等。

在崇厚看来，通商是便民，他便我亦便，亦无不可；定界，划出的土地，"实在不算多"，况且少荃早已有言，新疆乃是荒凉不毛之地，拿在自己手里是累赘，人家想要给了不心痛；赔款嘛，"口开的也不算大"。瞧，这位钦差大臣，"全权代表，便宜行事"，竟如此代表朝廷，既"便"（随便）又"宜"（合适）行事了！

光绪五年（1879）10月2日，崇厚便在黑海之滨的克里米亚半岛里瓦吉亚擅自同格尔斯签订了《里瓦吉亚条约》（又名《中俄条约十八条》）。这是一个丧权辱国的卖国条约。条约规定沙俄将伊犁九城一带交还中国，而中国自动放弃霍尔果斯河以西地区、特克斯河流域及沟通天山南北的穆素尔山口；在喀什噶尔地区和塔城地区中国领土主权再次受到损害。另外，通商、赔款、设领都包含着许多苛刻的条款，无视一个主权国家最起码的尊严。

条款送来，两宫太后及朝臣们看了大惊失色，举国大哗，一致感到事态严重，纷纷上奏朝廷指出它的危害。朝廷立即将草案通知左宗棠，征求他的意见。

光绪五年五月（1879 年 7 月）以后，左宗棠从总理衙门那里得知崇厚步步退让，极为不满。他在给刘锦棠信中说：崇厚"胸无定见，未免许之太易，不知若辈得寸思尺，不宜一味用柔，致启论端也！"

8 月，左宗棠在上总理衙门书中，陈述了对崇厚在俄所议条款的完全不同看法。

关于交还伊犁，他认为："须交还全境，不独全境以内不容侵占留住，即境外亦宜多留隙地，此自一定之局。"

最后，左宗棠指责崇厚说："欲以诚感之，恐布策之贪狡居心，非诚所可动也！"

9 月 26 日，左宗棠上奏清廷，陈述崇厚所议务款绝对不能允准，揭露沙俄对归还伊犁不讲信义，出尔反尔。

左宗棠在新疆艰苦用兵，赢来军威大振；崇厚身负重任俄京之行，招来丧权辱国。北京城里一夜之间舆论哗然，成为街谈巷议的话题。在街上骂娘的，向朝廷请命的，一片讨伐之声。崇文门外，东单街口到处是挥舞的旗子，声声是怒斥的口号：

"崇厚误国，罪该万死！"

"废除丧权辱国条约，还我失地！"

"我们有左恪靖军，不怕老毛子逞强！"

"出兵，出兵！打他妈的俄国佬！"

……

各大报纸连篇累牍登的是反对卖国条约、条约无效、重开谈判……

群情激愤，形势严重。两宫不敢批准如此窝囊的条款。可是，既然双方全权代表都签了字，不批准岂不是贻人以口实吗？引发兵衅将是不可避免。

第三节　极力主张"先之口舌，继之兵威"

左宗棠进一步向清廷提出收回伊犁的对俄方针和自己对收回伊犁的决心。他的对俄方针是：就事势次第而言：先折之以议论，委婉而用机；次决之以战阵，坚忍而求胜。这个谈战结合的方针，是争取通过谈判解决伊犁归还问题，如果俄国拒不交还，便以武力收复伊犁。

为此，左宗棠与在两年半前愿去新疆前线不同，出于对俄以谈判不能收回时而改用武力收回伊犁的需要，在上总理衙门书中明确提出："先之口舌，继以兵威，事无不济。当彼竭我盈之会，机有可乘。"如俄仍坚持崇约，则橄南路之兵，分由阿克苏、乌什"兼程急进，直取伊犁"。"令其就我范围，均有把握。"

左宗棠对国家和民族利益怀有的高度责任感跃然字里行间。他的谈战方针是以战为基础，谈是战的前奏，战是议的归宿，表明其谈战主张已从谈为主转为战为主的新阶段，故必须做好战的充分准备。

12月14日，左宗棠上奏《复陈李鸿章所奏各节折》，严词驳斥李鸿章的种种无耻言论，更强调对俄侵略决不能退缩。他说：俄自窃踞伊犁以来，无日不以损中益西为务，蓄机已深。此次崇厚出使，乃始和盘托出。若仍以含糊模棱之见应之，我退而彼益进，我俯而彼益仰，其祸患殆将靡所止极，不仅西北之忧也。

在这里，他对俄国的侵略本性看得极为深透，认为从这次崇厚出使中他们的心怀叵测已"和盘托出"。在这种情况下，若仍以"含糊模棱之见应之"，那么必定是我愈退彼愈进，我愈俯彼愈仰，祸患无穷。他斥责李鸿章就像庸医给人治痼病，没有希望使身体康健。这个比喻，是十分尖锐和确切的。左宗棠对伊犁问题的主张和态度，对清廷于崇厚所订条约的决断起了重要作用。

12月17日，清政府收到左宗棠的一折一信后，就发布上谕赞，认为他"洞澈利害，深中款要"，先进行谈判，决胜于战阵，自刚柔互用之意，所有新疆南北两路边防事宜，就按照他的主张办。

12月26日，左宗棠驳李鸿章的奏折到北京。其后第七天，即1880年1月2日，清政府将崇厚革职议处，并如左宗棠所建议的那样，将崇厚所订条约交各部议奏。

1880年2月19日，清政府向俄国发出国书，说崇厚所议条约"多有违训越权之处"，"事多窒碍难行"，故再派大理寺少卿曾纪泽为出使俄国钦差大臣，希派员与之"和衷商办"。

清政府根据左宗棠等人的建议，采取这一维护国家领土主权和民族利益的正确决策，极大地打击了沙俄的侵略气焰，使收回伊犁谈判由崇厚转到曾纪泽身上。左宗棠亦转入以武力支持曾纪泽赴俄谈判的新阶段。

与朝廷慑于列强威吓，准备妥协相反，左宗棠以大无畏的气概正在积极备战，锋指伊犁，以兵威解决问题。

伊犁地势险要，易守难攻。左宗棠所拟的三路布防是可取的。

就西路来说，刘锦棠认为，从乌什绕赴伊犁，从前虽有捷径，可现被俄控制，而由喀什噶尔取道乌什前往行 20 余站，"相距辽远，难于兼顾"；若从喀什噶尔西出铁列克，"分队涉历俄境远图进取，就现在兵力，实属有所未逮"。就北、中、西三路比较而言，北路由精河西进，比中、西两路翻越天山冰岭要稍好一点。

可是，左宗棠认为，北路的兵力虽非单薄，但"勇怯杂糅"，很难全都倚仗他们，因而仍把重点放在中、西两路，并向刘锦棠分析和强调三路进兵之意图。

左宗棠最为担心的是清廷能否坚定信心，"力持正论"。因而他特地将刘锦棠和张曜的信抄送总理衙门，正是希望他们坚定决心！

为了使清政府不致为浮言所动摇，他在上总理衙门书里再次强调曾纪泽使俄议和时不能忘战的重要性。他说，在"俄情虽极叵测，然理势两绌，无可藉口"的情况下，"劼刚（曾纪泽）出使，目击前辙，自当恪遵成命与之相持"，决不能轻诺俄方贪得无厌之求。但从以往的形迹来看言之，沙俄"反复靡常，较泰西岛族尤为狡诈"。所以即使"此次成议而返，边防终难解严，必将决胜武力，乃有归束"。

此时，左宗棠已清醒地看到，不决胜武力，不拿出决胜武力的坚定决心与实际部署，是难以索回伊犁的。

第四节　舆榇出关慑敌胆

左宗棠的案头上，放有一部文天祥诗稿，翻阅曾读了不知多少遍的《正气歌》，以及《过零丁洋》，其中熟悉的警句，此刻更使他热血沸腾：他立即铺纸磨墨，挥舞如椽大笔，写下了"天地正气"四个斗大的正楷。

他觉得伊犁决不能让俄人占有，而不豁出去与俄国佬拼命解决不了问题。一个坚定的决心和不可改变的主意已在胸中形成：为使"新疆金瓯无缺……复须出屯哈密，以伺其变"。

这些天来一直考虑一件大事，到今天，他已作出决定：要亲自出关，万一谈判破裂，便可亲临前线，指挥作战。

用早膳前，左宗棠便把虞绍南叫来，对他说：

"你抓紧去办一件事，给我造个'千年屋'。"

"千年屋？造它干什么？"虞绍南丈二和尚摸不到头脑，弄得他一头雾水。因为虞绍南亦是湘阴人，知道本地的方言，即"千年屋"便是"棺材"。

虞绍南带着不解甚至责备的口吻说："大军正要出征，做这种不吉利的事干吗？"

"是的，我要领兵亲征，移师哈密，路上带着它，随时准备躺进屋里，埋葬在西北。但不必像秦始皇那样备梓棺，随便找点木头就行。"左宗棠笑着说。

听说大帅要亲自出关，并要做一口棺材带上，众人都大吃一惊。几年来，跟随他左右的人，谁都知道大帅的身体已大不如前了。老了，衰了，而且多病缠身。因操劳军务，他本来睡眠就少，夜间老是咳嗽，日中精力不济，常常见他坐着看书，送上茶来，又睡着了。为了不打瞌睡，不是练字，便是绕案行走。

左宗棠决心舁榇出关，在全体将士中引起了极大震动。将士们都议论纷纷，摩拳擦掌，士气大振："左帅亲征出关，肯定马到成功！"

"俄国佬向来欺软怕硬，这次就要给他们点颜色瞧瞧！"

"左帅舁榇而行，预嘱后事，我辈这条小命还不豁出去吗？"

……

不久，北京来人了，才知确有兵舰到了山东高角一带，原来是从黑龙江海参崴开来的。那里本来是中国的一个渔村，康熙年签订的《中俄尼布楚条约》，这里属于中国。后来，粤疆战事后，俄国乘机胁迫中国签订条约，割去了黑龙江以北、乌苏里江以东的大片疆土。俄国人把海参崴建成了一个他们的军舰可以出入太平洋的不冻军港，以致可以直接威胁我京津和沿海。

左宗棠想到这些，气结了喉，慷慨激昂地说道："当年鲁肃讨荆州，三番五次，诸葛先生说，'不要我翻了面皮，连六郡八十一州都要'。我们也是这样，非将其侵占我们的国土统统收回不可。中俄之间一切纠纷，都是从前退让的后果，今后决不再这般受人欺侮！"

告假回家的西征军将领，一个一个都被召回了大营，有的已经重返前线。现在，齐集大营的有谭上连、谭拔萃、余虎恩、黄万鹏、戴宏胜、毕大才、崔伟、禹中海、易玉林及未曾告假的王德榜、汤仁和、刘见荣等，都在等待大帅命令，准备随时上前线。

公元1881年5月26日，真可谓是黄道吉日。这一天，有四件事情巧合在一起发生。归家养病的霆军统领鲍超率一万五千人马抵达直隶乐亭，警戒俄人入侵。山西巡抚曾国荃率一万军马抵达山海关，防御俄人入侵东北。也是这一天，一声长笛，曾纪泽乘坐的轮船启航开往俄京圣彼得堡，与俄人重开谈判。更令世人关注、瞩目和惊叹的是左宗棠带领亲兵步队 10 大哨、马队 5 营，从肃州"舁榇以行"，"誓与俄人决一死战"。随带一副抬红漆棺材，使这支与众不同的出征队伍更增添了几分悲壮。

舁榇上阵古来有之。《三国演义》中写庞德战关羽，庞德便是带着一口棺材。以不畏洋人闻名于世的左宗棠，这次舁榇进军哈密，不仅震慑了俄国伊犁守将和国内将领，而且引起了世界各国的广泛关注。

自古以来，玉门几乎成为人们西行的极限，唐朝诗人王之涣《凉州词》中的"羌笛何须怨杨柳，春风不度玉门关"，就是这种情景的写照。左宗棠已定于择日启行之后，写下了这样的话："壮士长歌，不复以出塞为苦，老怀益壮，差堪告慰。"

左大帅要舁榇出关的消息迅速传开。5 月 26 日这一天，肃州城几千军民齐集南城外，恭送大帅亲征，收回伊犁。黎明前，城门已经开启，一批一批留守官兵陆续出城，分立大道两旁。随后，全城居民男女老幼几乎全数出来，站立大道两侧，许多人手执线香，手捧鸡蛋、酒壶、酒杯、果品、熟鸡、熟羊，耐心地等待大帅出城，人群中有不少老年妇女在焚香跪拜。

肃州人民对左帅的感情是多么深厚啊！左帅进驻肃州时，肃

州城内外人烟稀少，四年休养生息，这座遭兵燹浩劫的古城，才渐渐有了生气，至今居民已近万人。万人之中大都认识他，而他也认识了不少人。

现在，左宗棠要走了，肃州城汉、回百姓依依难舍，不约而同，都到城外为大帅送行。一位几乎死于沟壑的瘸腿大爷扶杖蹒跚而来，有人喊道："老爹，你行走不便，怎么也来了？"

"嗨，我怎么能不来？没有大帅我哪能活到今天？大帅这一去，不知何年何月还能再见到他？只怕我活不那么长了，我不来能行吗？"

老大爷的话引起了众人说个不停，好像每个人都有一腔话要说。说到动情处，忍不住声泪俱下。感动的人群，伫立在晨风中，等候着那辆非同寻常的四轮车。

时辰到了，几声炮响，号角齐鸣，金锣开道。来了，城门里出来两面大旗，橙黄色的帅字旗，大红色的左字旗，随后，各色彩旗迎风飘扬，士兵举着"钦差大臣""陕甘总督"两排高脚牌。刘见荣骑一匹大马走在前头，紧接着两匹枣红马昂首长嘶，拉着四轮车出城了。左宗棠安坐在高高的大车上，他见此情景便站起来，双手抱拳，连连向左右拱手。初时，左右的人群向他欢呼。之后，人们拥向车前，送上带来的东西，表达他们的心意。这时，有两位长须飘拂的回族老大爷走近四轮车，手捧酒壶、酒杯，无论如何要给大帅敬酒。驾车人只得勒住了大马，四轮车停下，左宗棠接过酒盅，向左向右各奠一杯，然后再斟一杯，一饮而尽。大声喊道："乡亲们，暂别了，我还要回来的，大家请回吧！"

这时，这位九死一生的瘸腿大爷和曾给左帅送寿礼的老妇人，都好不容易地挤进了人群，竟在大帅车前长跪不起。左宗棠愣了一下，要从车上下来抚慰他们。此时左右的人立即将他们扶起，而他们仍频频磕头。

马车辚辚地开过，左宗棠依旧坐下来，别了肃州军民，在陇西道上朝西前进。四轮车刚过，又一辆马车出城了，人们大吃一惊，"啊！"那车上竟是一副枣红色的棺材。原来，这副棺材配了八名壮汉抬着，正是名副其实的"舁榇"。但后来左帅觉得不忍心让他们千里抬着，便装上了一辆马车。道旁的百姓，像涨潮落潮一般，匍匐叩头、跪拜，"大帅"之声，此起彼伏，化作一片啜泣之声。他们从心底里感动，无法表达崇敬的心情。左大帅满怀豪情领军出关去了！

第五节 与"天下第一棋手"对弈

伊犁不复，在左宗棠看来便是"功败垂成"，永留耻辱与祸根。让俄国佬永久占据这块富饶的宝地，他是死不瞑目的。在离开肃州的前一天，异样出关的各项准备工作都已布置停当，只待明日一早启程。晚上，他不仅让将领、士兵痛饮一番，而且还让贴身亲兵也如此，特准他们今晚也可尽情欢乐，不必宵警。

这天晚上，皓月当空，繁星闪烁，左宗棠脱去一身戎装，穿上便服，打扮成一江湖艺人模样。他身挎长剑，走出肃州大营，漫步街头，顿觉心旷神怡。走着走着，眼前出现一个小小的古镇，经打听，知道其名为峪门隘。左宗棠边走边抬头举目察看小镇风貌，一块写有"天下第一棋手"的木牌闯入眼帘，他不由暗自好笑："这山野之人真是井底之蛙，只看见簸箕大的一块天。"不看倒也便罢，一看那木牌却引起了他的兴趣。原来这是一家药店。他更好奇了，正要发问，一位长须飘拂、仙风道骨的老者，边包药边向他招呼道：

"客官若不嫌弃敝店，请进来喝口茶吧！"

左宗棠说："喝茶不必了，试问这'天下第一棋手'是何人？"

老者似乎不屑一顾，轻描淡写地回答："鄙人就是，不知客官有何指教？"

左宗棠说："您既然是天下第一棋手，我们对弈几局如何？"

他在青少年时期研究兵法的同时也曾钻研过棋谱，觉得用兵打仗如弈棋，两者有相通之处，终以兵法有得、棋艺高超而自慰。当年在幕府中业余时间喜欢下棋，督署僚友，虽不乏高手，但对他鲜有匹敌者。老者爱理不理地说："我看还是算了吧，改日行不？"

左宗棠哈哈大笑道："我看你是怕我砸你招牌吧？"

老者略加思索后说："既然你兴致甚浓，老夫就舍命陪君子吧！我若输了，牌子自砸。"

两人摆开架势，当头炮，盘头马，上车道，过河卒……一个步步为营，一个环环紧扣；一个避实就虚，一个明攻暗取，各显其能，冲锋陷阵，激战正酣，互不相让。最后左宗棠虚晃一枪，进逼九宫，老者苦笑，首战告捷。连下三局，左以二比一获胜。他双眉一挑，问老者怎么办。老者二话不说，将木牌取下来，放在地上，"拍"的一掌，木牌顿成碎片。

左宗棠一惊，此时又发现墙上挂有一口宝剑，心中暗想，此人非同一般，便问："依我看来，老先生还有超人的武功，"左宗棠实话实说，"我原是一个书生，半途出家练点拳术和剑法，主要为了健身，不妨与老先生再切磋一下如何？"

老者说："比试谈不上，玩玩可以嘛。"

说比就比，两人又在月光下，摆开了战场。两人各执一口宝剑，你来我往，寒气逼人。果然不出左宗棠所料，老者出手不凡，左宗棠直逼不舍，两人你来我往，交手了约三十个回合后，老者突然收剑，跳出圈外。

左宗棠收起长剑，扬扬得意地对老者拱拱手："多有得罪，在下告辞了！"

老者说："祝君一帆风顺！"

左宗棠心情舒畅、踌躇满志地告别了老者，离开小镇，回到大营，已是深夜。

天下之事常有巧遇。没过多久，左帅竟有与"天下第一棋手"有再逢和"交手"的故事。

左宗棠异檩出征到哈密，平叛告捷，失地收复，以武力攻取伊犁也准备就绪。就在这时，朝廷命他迅速回京，面商国是。

左宗棠第二次回到肃州后，一天又想起了对弈的老者，决定再次登门。

这回，他一身戎装，带上两名警卫亲兵直奔峪门隘药店，老远又见到"天下第一棋手"的木牌高挂在店前。

左宗棠轻声骂道："好一个山野狂徒，江湖骗子，今天看我怎么教训你。"

刚近店门，老者便恭谦上前，拱手道："不知大帅驾到，有失远迎。"

左宗棠责问道："我且问你，木牌砸了，为何又重新挂上？"

老者笑道："大帅不知，此乃老汉招客之法，糊口之技，摘了木牌，门前冷落，将断生计呀！"

"话倒说得实在，但以此牌子获取虚名，有伤大雅啊！"

"确实有此嫌疑，让大帅轻视和见笑了。"老者接着道，"请问大帅，当年你在京城，棋艺能列第几位？"

左宗棠自负地说："至少也是二三名吧！"

老者说："那我这块牌子挂定了！"

说完，摆开架子，邀左宗棠再较量一番。两人即在月光下摆开棋局。没想到老者与上次迥然不同，布局新异，棋术高深，使左宗棠大为震惊。他使出浑身解数，也无法取胜，连下三盘，盘盘皆输。

老者问他："我这牌子挂得不？"

左宗棠点头称可，但又提出再次比武，想从武功中捡回面子。

老者欣然应允。此次交手后，左宗棠感到今非昔比，对手身轻如燕，刀法奇特，不到二十回合，左宗棠便大汗如注，只好认输作罢。

左宗棠一时百思不解：上次老者棋艺剑法都不如自己，今日却如此之精，其中必有蹊跷，便放下架子，诚恳问起缘由。

原来，老者叫马青，本属沧州回民，出身于中医世家，自幼出家在少林寺习武，练得一身好剑法，曾有"神剑马"之誉。一次，几名无辜百姓遭强人所害，官匪勾结，欺压良民，为打抱不平，他在深夜只身闯进官府，杀了贪官，闯下大祸。幸好遇上的朝廷钦差是位清官，恕马青无罪。为了生计，只好改名换姓，远走他乡，到西北偏远之地行医营生。上一次下棋比武，就认出眼前对阵之人是镇疆大帅，为让大帅有必胜之心，兴奋之态，便故意让着落败。

他拂着长须说："前次知公有大任在身，故让之以成其功；今既成功，故不敢多让了。"

左宗棠听到这里，羞愧难言，悟到了"强中自有强中手"这句话的含义。于是立即施以大礼："师父在上，请受徒弟一拜。"

老者慌忙还礼，连声说："大帅使不得，使不得，折煞山野狂夫也！"

左宗棠虚心地向马青请教棋法和剑术,马青见左帅心怀坦荡,诚恳待人,毫不虚伪与矫饰,便与他无保留地探讨一番,直到时近深夜,才依依不舍相别。

第六节　途中多惊险　谈判获胜利

1881 年 5 月 26 日,左公亲率的后路大军自肃州拔寨西行,经嘉峪关出关,雄赳赳,气昂昂,开赴西征前线。

接连走了数日,都是一望无际的黄沙。一天午间,烈日炎炎,大军所带饮水全部用完。且兵士又多是湖南人,水土不服,不少人瘫倒沙地上,于是他下令人马停止前进。几万名士卒和马匹的饮水问题,一时无从解决。左公只得下令大军就地扎营。

大帐内,左宗棠在来回踱着步,苦思对策。万般无奈下,便捡起行军书架上的一册林则徐笔记,这是在当年湘江夜晤时林公所赠,上面写的是他被贬新疆的纪实,左公不知看过多少遍了,上面注满了眉批。其中有一句名言便是:"终中国患者,俄罗斯也。"

他又捡出了另一本从安化陶澍家读过的一部书，随意翻阅。

这时西北风起，忽一阵狂风吹进营帐，将左宗棠手中的那本书噝啦一下吹开，很巧，一行注有眉批的字跃入眼帘：牲驼能嗅水性，此实务（际）也。

左宗棠恍然大悟！随即命令将后路大军所有的骆驼聚集起来，排成长队，于前开路，人马随后起行，迎着狂风飞沙前进。

"左钦帅，真神人也。我等前来正是进献此策的！不想大帅已早知矣。"前队的谭上连急左公之所急，忽找来几名土著人做向导。眼前见有骆驼为前锋，自然把他视为神仙下凡了。

"既如此，请随行，以备朝夕请教耳。"

"我们祖居于此，世受皇恩，安肯背离朝廷？我等盼王师久也。"

于是几名土著人做向导，大军随着排立在前的驼队，于黄昏时分，终于找到一片大沼泽地。但见绿草茵茵，水色清澈见底。

一时人马欢腾，驼马饱食，士卒畅饮。

正是：黄沙茫茫路人行，西出阳关无故人。干渴无水难忍耐，书中原有真黄金。

不久，后路大军到达预定地点，左宗棠汇集诸路将帅共商军务。

左宗棠亲率大队人马，出嘉峪关、玉门关迤逦西行。这一路，华尔秃颇为熟悉，故左宗棠让他当向导。左宗棠把白彦虎派来的刺客华尔秃当作亲信重用，与历史上曹操重用陈琳、唐太宗李世民重用魏徵颇为相似，表现了不计前嫌、信义至上的风度，也使华尔秃深受感动，倾心相报。

左宗棠对他说："此次从肃州出关至哈密后，将荐报朝廷，表彰尔劳功。"

但是华尔秃闻言并不为喜，再三辞让说："我愿在左大人鞍前马后效菲薄之力，非存腾达之想。大人若是向朝廷荐保，羞煞我也。"

一天夜里，左宗棠见到案头放着华尔秃留的一张条子，其人不知去向，纸上写的是：臣不明真相，惑于白逆，为虎作伥，助纣为虐，实罪恶深重。承蒙左帅豁达大度，宽容仁慈，对臣信任有加，将保荐朝廷，臣感激涕零。然而，臣之所为，毕竟属于"卖主求荣"，为世人所不齿。西进路上，多机关暗算，望公细察，慎之慎之。华尔秃拜别。

杨公道《左宗棠轶事》中有"利用刺客"一则，在此节的后文写道：华在营中数年，公方欲加以荐保，以酬其劳功。华耻于卖主求荣，毅然固辞。公嘉其志，亦不相强。卒乘隙遁去，不知所终，亦异人也。

左宗棠在进军哈密途中，宵衣旰食，忍受饥渴，与士卒同甘共苦。因尚有白彦虎的残部沿途偷袭，所以亦偶有战事，更增添了征途的艰苦性和警惕性。他每天于黄昏，便先于诸将睡觉，至三鼓时则起身处理军务。有一夕，他起床刚披上衣，即惯闻军中的沉郁的鼓声和清脆的击柝声：

"嘭！嘭嘭！""嘭！嘭嘭！"……

"笃，笃笃！""笃，笃笃！"……

将士们都正在酣睡之中，此时他们两耳不用塞豆却不闻雷霆，不待说这低沉的鼓声与梆子声。然而，当"角声一动胡天晓"时，他们便会从睡梦中惊醒，一跃而起。

左宗棠立即下令："紧急拔营出发，移军三十里！"

诸将都睡眼惺忪，根本不理解为何左帅要这样"折腾"部队，觉得将士近日疲惫劳累已极，需多加关心与体恤才是。

士卒中有不少大大咧咧地骂街者，话很难听。有几位将领便来请命：

"左帅，士卒都说到天明起程未迟，何必夤夜拔营，劳师动众？"

"这是不是你们的意见？立即拔营，违令者斩！"左宗棠怒斥道。

诸将极不情愿地下令，借着星月微光，迅速带领部队移营。

约过了半小时，后军出了营地，突然原营地处陷了下去，一支埋伏已久的白彦虎残军杀出。众将士经受了一场虚惊，无不大服，惊叹："左帅真神人也，为诸葛孔明所不及！"

诸将中有问其故者，左宗棠说："华尔秃有过忠告，途中多机关暗算。我听柝声与平时不同，知道地空耳，必有陷阱和埋伏。"

这段在极为荒凉的沙漠上长期行军，其艰苦性是一般人难以想象的。他在给友人的信中写道："连日驰驱沙碛，至端八日始抵哈密。沿途署喝（中暑）殊甚，夜行昼伏，与鼠相似，可发一噱。"无论是一支军队还是一位统领军队的将军，人民群众对其态度，是一把度量其是否正义之师的标准尺。6月15日（五月初八日），左宗棠到达哈密。他在给杨昌濬的信中说："弟此来，父老扶杖而观，不远数百里，民情亦大可见。"

可见此行符合国家民族利益，受到各族群众的衷心拥护和爱戴！

另一面，曾纪泽面临的谈判对手是沙俄外交大臣吉尔斯、驻华公使布策、外交部重要官员热梅尼、外交部亚洲司副司长梅尼科甫等狡诈狠毒的外交老手。曾纪泽与他们反复辩论，"凡数十万言"，唇枪舌剑，进行了激烈的交锋。

1880年8月4日，曾纪泽初到沙俄外交部，商谈递交国书日期。

吉尔斯"面冷词横"，一开始就预示恫吓，摆出一副拒绝谈判的架势，他竟宣称："现在只候照行，无可商议。"

曾纪泽针对他的谬论，说道："凡各国订约，必俟两国批准方能施行，如所订之约对难行之处，例可再议。"将其狂言顶了回去。

在谈判中，双方的斗争焦点集中在割地不割地的问题上。沙俄力求保住《里瓦几亚条约》的既得利益，曾纪泽则坚持要将特克斯河流域一带地方归还中国。由于意见分歧，谈判数次陷入僵局。

热梅尼主张对清政府"用大炮口去提出要求"，"不能仅限于举起拳头，而且要坚决准备使用它"，"他们只有在手枪放在咽喉上的时候才会同意"。所以在谈判中忽而拖延，忽而要赖，忽而反咬一口，忽而提出难以接受的要求，软硬兼施，机关费尽。

"中国沿海地方，何处可让？"

曾纪泽断然回答道："我想自今以后，中国地土，断无再让之事！"

在10月20日谈判中，热梅尼横蛮地对曾纪泽说："若中国政府不按俄方条件订约，那就不如打仗合算。"

"如果贵国硬要这样，那我政府就将把前约全行废弃，缓索伊犁。"

"不说明伊犁地方归俄国管辖，将来中国复索此地，岂不为难？本国之意务求结实办法，免得含糊。"

"中国断不肯办一文书，将该处地方送与俄国。"接着曾纪泽胆气十足地道："我说一句直话，可以释贵国之疑。中国将来再索伊犁，如仍系两国友睦和平，商议之时，中国以礼来索，贵国以礼相答；倘两国不幸有失和之事，中国以兵威来索土地，则何地不可索，岂独伊犁乎？"

这番话与左宗棠主张的若用武力索伊，则要恢复康熙朝旧疆，老账新账一起算，同一调子，大长中国人民的志气。

曾纪泽在谈判桌上的底气与"硬度"与左宗棠积极主战、备战密切相关的。这才是促使沙俄改约、扭转曾纪泽在谈判桌上不利局面的重要原因。他大义凛然，顶住俄国人的威逼利诱，丝毫不怯场，任你七嘴八舌，他似乎身后立着左宗棠的身影，胆气十足，应付自如。

私下里，俄国人计算了交出的特克斯河流域，面积达到二万多平方公里。

俄国人当时并不愿意，也无能力与中国进行全面作战，参加谈判的外交部高级顾问若米尼表示过："战争对于我们将是耗费巨大，没有止境，而又无益的。"东西伯利亚总督也上奏沙皇说：

"不宜轻易和中国作战，远东舰队力量薄弱，陆军军力也不强，

不足以防守边疆。"

在会谈桌上，一个俄国大员不经意说漏了一句话："你们老

是固执己见，在西边调兵遣将，左大帅还抬着口棺材到哈密，要

与我们拼命似的。我们俄国人并不想与你们兵戎相见。"

"打不打由你们皇上决定，但现实是在积极做准备，你们还

说要出兵辽东湾哩。" "那是因为你们有真想打仗的样子。你们

不打仗，重兵包围伊犁做什么？"

俄国人要摸的底没摸到，中国有了"俄国人怕左宗棠"的底。

清廷对左宗棠虽然表面上也有备战的谕旨，但在骨子里是想

求和。

朝廷怕左宗棠对俄用兵，急调其入京，这一点，左宗棠心里

是清楚的。无奈圣旨已下，左宗棠只得启行。他在途中写的家书

称"我之此行，本不得已"。他回京时随带了王德榜、王诗正的

两支部队，部署在张家口一带，以防俄军从东北方向虚张声势。

就在这个节骨眼上，左宗棠奉召入京的消息传到俄国，沙皇

政府弄不清中方的真实意图，还以为中国"有动兵之意"，感到

左宗棠的"军威逼人"，害怕同他作战。于是一面找曾纪泽探听；

一面加快签约进程，"务须及早定议，免生枝节"。

吐出到口的即将下咽的肥肉是极不情愿的。在无奈之下，俄政府做出了局部"让步"，同意修改原订的条约，交还特克斯河谷约 2 万平方公里的土地和通往南疆的穆扎素尔山口；但仍割占霍尔果斯河以西 1 万余平方公里的土地。设领事的地点也减为嘉峪关和吐鲁番两处，但"赔款"由 500 万卢布增到 900 万卢布，而且还保留了一些商业特权。

改订的条约仍然是一项不平等条约，明明是俄国侵占中国领土，交还是理所当然的事，却要索取赔款，还割占一部分土地。

真是岂有此理！但是新约和旧约相比，总算收回了一些权益，在中国近代史上，这算是一次差强人意的外交"胜利"。

这次外交上的"胜利"，曾纪泽的功劳不可泯灭，左宗棠的实力后盾更起了重要作用。当曾纪泽和俄国政府谈判时，俄国人经常打听左宗棠和西征军的动态。

第七节　极力主张新疆台湾建省

新疆之战，充分显示了左宗棠超群绝伦的军事才华。1882 年 3 月 22 日，伊犁将军金顺正式接收伊犁，率领清兵，浩浩荡荡地进驻久违了的故园，结束了俄国人长达 11 年的殖民统治，至此新疆全境收复。

伊犁人民欢声雷动，伊犁绿洲萌发出勃勃生机。

洗尽屈辱的伊犁大地，仍矗立于祖国西部的疆土。

1850 年左宗棠在"湘江夜晤"中，听到了林则徐"欲求数十百年长治久安，不能光靠一时战功"的告诫。在西北的作战中很注意战后的恢复生产和老百姓的善后工作，对于新疆更是在用兵的同时，极力主张建省。

如果说左宗棠早年关于新疆建省的思想属于书生议论，那么他任总督陕甘，荣任钦差大臣督办新疆军务后，便将早年的政治抱负付之于实际了。

省，是个行政区划单位，直属中央。它对该地区的军事、政治、经济、文化、民生等诸方面都实行集中统一的领导和规划，克服了政出多门、各不统属、互不协调、划地独立等体制上的弊病，也避免了区域过大（如清时的"两江""两广""陕甘"总督等），不便管理和建设，又防止了闹独立性，成为"独立王国"。它是行政体制发展史上的成功范例和最佳选择。

光绪三年三月初十日（1877 年 4 月 23 日），西征之师发动了春季天山战役，克复达坂城、吐鲁番和托克逊三城。清廷接到捷报后，于 6 月 20 日谕令左宗棠对新疆问题"通盘筹画，一气呵成"。

7 月 26 日，左宗棠便呈奏了《遵旨统筹全局折》，首次正式向清廷论证了新疆建省的必要性。他从历史上旁征博引，说明了新疆战略地位的重要性：

是故重新疆者，所以保蒙古，保蒙古者，所以卫京师。西北臂指相连，形势完整，自无隙可乘。若新疆不固，则蒙部不安，匪特陕、甘、山西各边时虞侵轶，防不胜防，即直北关山，亦无晏眠之日。

在这个奏折里，左宗棠回顾中国久远的历史，论述中国边患，西北向来剧于东南。凡不重视西北边防者，必定是国势日衰不振。接着提出了"重新疆者，所以保蒙古，保蒙古者，所以卫京师"这个极其精辟的振聋发聩的识见。

左宗棠在奏折中又进一步强调：新疆是个宝藏富饶之区，为杜绝俄英觊觎，义师西征，使"旧有之疆宇还隶我方"，规复全疆指日可待。欲求数十百年长治久安，不能光靠一时战功。他又以乾隆坚定不移地在新疆推行军府制，佐证根据时代的变迁，新疆建省的必要性。

收复南疆大功即将告成，清廷于1878年2月5日询问左宗棠，新疆改设郡县行省，原设的办事及领队大臣应否简放？说明清廷对新疆设省与否仍游移不定。左宗棠在接到御旨前，于2月7日又一次提出新疆建省"虽久安长治之良图，然当创始，关系天下大局，非集内外臣工之远猷深谋"，才不致有所失误。为了实现新疆建省的愿望，他提出恢复四百多万两的协饷旧额。清廷认为内外臣工不熟悉新疆地方情形，未必能拿出定见，仍令左宗棠"将何处应设省城，何处分郡县，及官缺兵制，一切需用经费，要以章程具奏"。李鸿章对左宗棠的新疆建省主张，在一旁窃议，以为此事头绪纷繁，"穷天下之力，犹虑莫殚莫究"。号称八旗名士的李云麟，也写了《论新疆建省》一文，提出了不可建省的八大理由。他认为新疆是戈壁荒漠，无军食可供采买；户民少，且流离失所；维吾尔、蒙古族落后，不可施以郡县之治，并对左宗棠进行人身攻击。接着，又连奏三本，虽未获准，却有不达目的誓不罢休之势。

光绪四年十月二十二日（1878 年 11 月 16 日），左宗棠针对李鸿章等人的非议和清廷的疑虑，上奏《复陈新疆情形折》。在这份著名的奏折中，左宗棠洋洋洒洒地历陈新疆"地不可弃"，必须建省的原因。

1880 年 5 月 26 日，左宗棠为了抗击沙俄拒不交还伊犁，从肃州起程进驻哈密之日，再次上奏《复陈新疆宜开设行省请先简督抚臣以专责折》。这个奏折是经左宗棠与新疆大员及陕甘总督等协商拟就的，提出了新疆设行省置郡县的具体方案。

光绪八年九月七日（1882 年 10 月 18 日），左宗棠已调任两江总督，仍然是"身居江表，心系西陲"。他以十分迫切的心情，上奏《新疆行省急宜议设防军难以遽裁折》，综述自己历次关于新疆设省的建议。他指出，朝廷曾答复收回伊犁后再筹建省，现伊犁已于先年收回，久沦异域的各族人民渴望新政，天山南北经三年的实力筹办，气象一新，新疆强邻环伺，"他族带处，故土新归，治风治外，事同革创，非规模早定，废坠难以自兴，非体统特尊，观听无从而隶"。

左宗棠为新疆建省五上奏折，可谓煞费苦心。1882 年 10 月 18 日第五次上的奏折，总算被批准了。经过几年准备之后，终于在光绪十年九月三十日（1884 年 11 月 17 日），清政府正式发布新疆建省上谕：

新疆底定有年，绥边辑民，事关重大，允宜统筹全局，厘定新章。……前经左宗棠创议改立行省，分设郡县，业据刘锦棠详晰陈奏，由部奏准，先设道、厅、州、县等官。现在更定官制，将南、北两路办事大臣等缺裁撤，自应另设地方大员以次统辖。着照所议，添设甘肃新疆巡抚、布政使各一员。

清政府在发布新疆正式建省上谕时，又任命湘军主将刘锦棠为甘肃新疆第一任巡抚，仍以钦差大臣督办新疆事宜，调魏光焘为甘肃新疆布政使。1820 年，龚自珍写《西域置行省议》时曾预言："五十年中言定验，苍茫六合此微言。"历史正是如此。历经艰难曲折之后，终于实现了龚自珍、林则徐、左宗棠等目光如炬的巨子们的夙愿。

　　在 1884—1885 年中法战争中，台湾是中法海战的主要战场之一。左宗棠指出，法国侵略越南，意在进一步侵略中国；法军侵占基隆，志在吞并全台。如果它的侵略阴谋得逞，其他帝国主义将接踵而来，中国就有被瓜分的危险。他抵榕后，把派兵援台列为最紧急军务。

　　在此之前，中法已在台湾进行了两次激战：一次是基隆之战，一次是沪尾（今淡水）之战。其规模虽不很大，但基隆却失陷了。

　　当时在援台斗争中，左宗棠煞费苦心，运筹对策。他急调王诗正来闽，派王诗正与陈鸣志统率"恪靖援台军"，扮作渔人，选择鹿港以南笨港、北之栖梧港为登陆口岸，在星夜冒险东渡，这一传奇性的举动，广为人们所称颂。

　　中法战争结束后，73 岁高龄的左宗棠在病危临终之前，还在筹划海防全局，特别是关心着台湾的防务和建设，继上奏《请专设海防全政大臣折》之后，紧接着又上了一个《台防紧要请移福建巡抚以资震慑折》，进一步向清政府建议，将福建巡抚改为台湾巡抚，专理台湾事务，并最终促成了台湾建省的实现。

第十章

「娃子们出队，打孤拔去！」

第一节　四次出巡威风八面

光绪八年(1882)四月初十日，任两江总督的左宗棠离开南京，前往镇江、常州、苏州、上海等地。此行目的是：一方面检阅江南营伍，另一方面视察上海制造局的兵器生产，积极备战，以对付列强特别是法国迫在眉睫的侵略。

关于左宗棠四次出巡江南,三次到沪,当时上海最大的报刊《申报》逐日进行了报道。光绪八年四月十八日，《申报》载一篇《左相抵苏》中说：

四月十六日晚七点三十分，左相乘坐"满江红"船抵达苏州胥门码头。左侯相命舆登岸，当时是什么模样呢？但见宪躬丰硕，奕奕有神，年虽已逾古稀，而精神矍铄，尚如五十许人。身穿黄马褂行装，与某大员立谈十五分钟之久，其他站班官员，惟颔之而已。

左宗棠那天上岸之后，到抚台衙门拜会卫静澜巡抚，商讨江苏的治理情况，在署晚餐。他在畅谈治吴条理时，"口若悬河，饮啖并健。旁观者无不色骇舌咋，咸以获睹伟人为荣"。

中国官员出行有此威严和尊严，是从来未有的。外国人在中国作威作福、横行霸道惯了，左宗棠在上海出巡时，首次也曾遇到阻挠，这便是经过租界时。

外国巡捕、路警、门卫，多雇用印度人，上海人俗称"红头黑炭"，他们经常用脚踢中国人，上海话称被踢者"吃外国火腿"。左公欲过租界时，遭阻，曰："照租界章程，凡结刀持械而往者，例须先向工部局请得照会，方能通过。"

左宗棠大怒曰："上海本中国地，外人只租借尔。以我中国军人行中国地，何照会之有？"

说完，即令随带亲兵枪实弹、刀出鞘而行，若再遇阻，即动武开道。

路警畏惧，立即报告上司。外人仰左宗棠威望，不敢多言和干涉，令巡捕沿途照料，且戒之曰："左公中华名将，今以驰驱王事过此，慎毋犯其怒也。"

光绪九年正月、九月和次年正月，他又几度到上海、崇明等地视察沿海沿江防务和新建的渔团。这几次到上海，同样受到中外人士的热烈欢迎。中外官绅商民陈设香案，亲兵及在防各营列队徐行，老稚男妇观者如堵，而夷情恭顺，升用中国龙旗，声炮致敬。

在上海多年的胡光墉及其他随行人员都说，外国人素来瞧不起中国人，更瞧不起中国官吏，这次以这样隆重的礼仪来接待左宗棠，是从来没有过的事。

申报记载了左宗棠最后两次巡阅沿江和吴淞炮台的情况：当他的坐船通过黄浦江时，各国军舰上的员兵都持枪站立桅杆旁，并升炮恭迎，中国炮船及岸上的洋枪，连环不绝，坐船停泊时，放鞭炮万响。中外士女瞻望风采者，聚集两岸和路旁，几乎无立足之地。英、美、德、俄、奥等国领事都往他的坐船晋谒。坐船离沪时，各国兵船又升炮送行，水手们也都持枪上桅表示敬意。

申报用这样的词汇写道："一时烟雾弥漫，枪炮络绎，晓行风景，大将旌旗，足称壮观。"

左宗棠四次出巡，不仅在于检阅沿江沿海的防务，积极备战，同时也意图显示中国的决心，对西方列强则示以不可轻侮。

西方人素来崇拜强者和胜利者，自从西征军收复新疆，俄国退还伊犁后，西方各国对中国的看法有了改变，对征服新疆的统帅左宗棠本人也高度崇敬，如《西国近事汇编》中说："平时欧洲轻料中国，谓中国人不能用兵，今观中国之恢复回部，足令吾欧人一清醒也。"

左宗棠对西方列强"绝口不言"议和事，就是表现强烈的民族气节，就是"宁可站着死，决不跪着生"的硬骨头精神，这是半封建半殖民地人民最可宝贵的性格！他在处理涉外之事时，瞻前思后，十分慎重，处处以国家和人民的根本利益为重；在多年与洋人打交道中，从来没有丝毫的"奴颜婢膝，胁肩他人之宇下"（秋瑾语）状，而是不亢不卑、堂堂正正、据理论事，决不屈从，使外人心悦诚服或畏威慑服。

第二节　停医带病赴前线

光绪八年(1882)十月，时任两江总督、为尽职到处奔波的左宗棠，旧疾增剧，他上疏自陈病状后曰："合无仰恳圣慈，准其开缺，回籍调理，或冀闭门静摄，得以稍延残喘，则有生之日，皆报国之年也。"皇上温旨慰留，予假三月养疾。

当时，皇上和朝廷确实也有"苦衷"，那就是强敌法军入侵，国难当头，无人能挺身而出，只有在他这个老迈之人、老病之身上打主意，恰如杜甫在《古柏行》诗中所咏叹之句："大厦如倾要梁栋"啊！那些随风摇头晃脑的"离离山上苗"，怎堪当此重任！

到了第二年初，面对着法国侵略者对中国的步步进逼，左宗棠不顾自己的沉疴宿疾日甚一日，提前到任投入抗法斗争。

光绪九年（1883）正月，他亲自到吴淞口和沿江查阅防务，恰逢彭玉麟由湖北查案回船到江阴，两人约好在吴淞口相会。彭玉麟和左宗棠是湘军中老同事，二人都是主战派，意气相投。彭玉麟看到他增购船炮、加强海防的各项布置，十分高兴，说："布置如此周密，不怕外国人来，只怕他不敢来。"

左宗棠看到形势危急，预料侵略者的下一个目标将是东南沿海，立即上疏给朝廷，要求加强筹办海防。第一条意见是加强江海防务，吴淞口是要隘，也是长江的门户。由崇明、宝山绕白茅沙，即可掠狼山、福山径犯长江。白茅沙首当其冲，应在该处设置重险，加筑炮台，增派兵船驻守。

另一条意见是设立渔团。沿海渔民有一万数千人，熟习水性和地形，过去也曾有少数渔民为外国船只做向导的，现在应把他们组织起来，对青壮年进行训练，合格者拔为水勇。这个发动群众、抗御外侮的办法很快就实行了，9个月后成立了数千人的渔团。

　　清廷看到法军加紧进攻越南，云桂边境危急，表示了一些强硬的态度，命云贵总督岑毓英、两广总督张树声督办边防，统大军进入越南；命广西布政使徐延旭和云南布政使唐炯进兵谅山、山西和北宁；任命刘永福为越南经略大臣。又命令李鸿章赴广东督办越南军务，调令左宗棠调集江南淮楚各军，准备开赴前线支援。似乎真的准备和法国打一仗了。

　　法国其实是色厉内荏，当时根本没有在远东打一场全面战争的力量，看到中国态度强硬起来，就使出软手段，法公使宝海耍弄花招，向李鸿章假惺惺地声明：法国并没有与中国失和的意思，但不能承认越南是中国属国。

　　李鸿章是一贯主张妥协退让的，他于是上了一道秘密奏折《法越交涉事端重大遵旨妥筹全局折》给朝廷，认为决不能与法国作战，法国海军强大，"其船械之精，操演之熟，海上实未可与争锋"。陆军虽可一战，"但一时战胜，未必历久不败；一处战胜，未必各口皆守"。而中国的国力呢？"各省海防，兵单饷匮，水师又未练成，未可与欧洲强国轻言战事。"总之，中国只有投降。

　　在对待法国的侵略上，左宗棠的态度与李鸿章迥然相反。他此时对世界各国情况已知之甚多，分析了当时的形势，了解到法国很孤立，西方各国并不支持它的侵越行动，法亦势成骑虎，现在只是虚张声势，中国应速派援军赴越。于是派遣王德榜赴湖南永州，募集兵勇数千人，准备开赴云桂增援。自己也请求亲自到滇、粤督师，"以尽南洋大臣之职"。

然而清朝廷本质上是一贯害怕外国人的，收到李鸿章的密折后，完全同意他的投降观点，立即将李鸿章召回天津，前次派赴越南的各军停止前进，又借口云南、广西已经备有重兵，不同意左宗棠去滇、粤的请求。清朝廷一时又为妥协投降的阴影所笼罩。

谅山、镇南关失守，完全是潘鼎新秉承李鸿章投降路线的恶果。但他后来又钻出来，反把责任推在主战派、英勇抵抗的王德榜的身上，将自己的责任赖得一干二净。

法军在攻占镇南关后，法军统帅尼格里派人在废墟上插块牌子，狂妄地写道："广西的门户已不再存在了！"

左宗棠派遣的战将王德榜，与广西将领冯子材趁机率军进入镇南关内，选定距关十里的关前隘构筑防务，在隘口垒起一道长墙，挖掘长壕，以备攻守。他们还同关外的中越群众取得联系，帮助他们武装起来，乘虚捣敌军后路，截杀逃敌。发出豪言壮语："我们将用法国人的头颅重建我们的门户！"

二月初七日，法军不甘心失败，再度来犯，几次猛袭关前隘，冯子材军一连失去数垒，形势危急。就在这时，左宗棠麾下的勇将王德榜及时从由隘派兵来援。

法军没有料到这一支奇兵，毫无防备，后路部队被全部歼灭，军火辎重也都被王德榜军缴获。前线法军发现后路被截断，军火已匮乏，士气涣散，法军将领还想鼓动士兵进攻，但士兵们已无心恋战。

1885 年 3 月 23 日，法侵略军倾巢来犯，在关前隘激战终日。次晨，侵略者乘雾鼓噪扑来，炮声震谷，枪弹雨集，长墙有几处已被轰塌，一些法国兵由指挥官持枪吆喝着，企图爬墙冲入。坚守长墙的兵勇们眼里冒火，恨不得立刻杀出去与敌人展开肉搏。下午，冯子材看到士气旺盛，一个个都憋了一肚子对侵略者的深仇大恨，立刻发动反攻。随着一阵连珠炮响，栅门大开，冯子材挥动长矛，一跃而出。兵勇们就潮水似的涌出栅门，奋勇争先，以排山倒海的气势压向敌人阵地，刀劈枪挑。侵略军惊呆了，霎时旗靡阵乱，炮声顿哑。

突然，阵后又杀声大起，关外中越群众一千多人风驰电掣地冲杀进来。侵略军全线崩溃，一个个丢盔弃甲，拔腿就跑，翻岭越涧，仓皇逃命。各军乘胜追杀十多里，毙敌官兵一千多人。法军统帅尼格里受重伤，躺在担架上星夜南窜，这时，他恍惚理解到一些，中国人在镇南关上写的那句重建门户的话，意味着什么。

　　冯子材、王德榜两军将镇南关营垒全部收复，苏元春军也加入作战，三军联合攻占了敌军驻地，当夜收复谅山，这就是举世闻名的"镇南关—谅山大捷"。清军一直追赶法军到坚老。同时，刘永福的黑旗军在西线也获得临洮大捷。

　　当法军战败的消息传到巴黎时，引起了法国全国上下的震动。

　　发动侵略战争的茹费里内阁在法国人民的抗议和反对派的攻击下随之倒台。法国当时并没有足够的力量，去支持一支万里外的部队作战，在海陆两线都不能得手的情况下，他们就急于求和，企图捞取一些便宜，暂时结束这一场在远东的纠葛。

第三节　溘然而逝士民恸哭

　　光绪十一年四月二十七日（1885年6月4日），李鸿章和巴德诺在天津签订了屈辱的《中法会订越南条约》十款，承认越南为法国的保护国，给予法国在广西、云南通商的特权，包括减税等利益，规定以后中国在这两省修筑铁路时，要与法国协商会办。

由于法军在战场上战败，没有索取"赔款"，并答应从基隆和澎湖撤兵，投降派认为面子上已过得去，条约立即得到清廷和慈禧的批准。

这项条约不仅不敢抗议而且公然承认法国占领越南、开中国西南大门，使法国人得以长驱直入。这项屈辱的条约是在战场上取得了胜利之后签订的，真是世界外交史上的奇闻！

中法和约的签订是对左宗棠的一个重大打击。他闻后悲愤无比，但回天乏术，徒呼奈何！

当时他的病势已很严重，他自知在世的日子不多了，思前想后，国家仍如此积弱，许多曾想要办的事都没有来得及办，于是竭尽最后一点衰微的精力，将所考虑到的有关国计民生的重要问题，向朝廷作最后一次建议。

六月十八日这一天，他一连上了两道奏折，第一道是《复陈海防应办事宜请专设海防全政大臣折》，第二道是《台防紧要请移福建巡抚驻台震慑折》，折中分析了台湾极为重要的战略地位，并再次建议建立行省。

正当左宗棠为筹划海防全局和促成台湾建省而殚精竭虑的时候，他的病况急剧地恶化。1885年9月3日，他忽然"得患腰痛，起坐维艰，手足瘿疭，热痰上涌，气弱病深"。

他已经处于昏迷状态了，突然醒过来，明显是回光返照，眼睛似乎出现一道光明，恍惚回到柳庄门前，正和夫人、全家为灾民施粥施药，眼望着灾民一群群走过去，心头充满着同情和叹息；忽然又回到了那间梧桐塘书屋，白发苍苍的祖父在教他咿咿唔唔念书；忽然他又到了空旷寂寥、风沙弥漫的西征路上，远望着白雪皑皑的天山山脉，回忆湘江夜晤时林公的谆谆嘱托……然而，一霎那一切都过去了，眼前又是一片昏暗，病榻前儿子和亲人们见他低声喃喃自语：

"娃子们出队，打孤拔去！"

"哦哦！出队！出队！我还要打。这个天下，他们久不要，我从南边打到北边，从西边打到东边，我要打……"

他的声音越来越低，终于，那双目光炯炯的眼睛阖上了，他停止了呼吸，告别了曾经生活、战斗 73 个年头的人世。

福州城经历了一整天的狂风暴雨，那天晚上，城东北角崩裂 2 丈多宽，城下居民却未受到损害。大雨下了一夜，第二天清晨，左宗棠逝世的噩耗传出，一位署名"采樵山人"的福建士人记录了当时的情形：

福州"城中巷哭失声""全城百姓，闻宫保噩耗，无不扼腕深嗟，皆谓朝廷失一良将，吾闽失一长城"；军队中，"一时营斋营奠，倍深哀痛"，"归丧之日，江、浙、关、陇士民闻之，皆奔走悼痛，如失所亲"。

朝廷得知他逝世的消息，并得到遗疏后，皇上震悼，当即发布谕旨，高度评价左宗棠的生平业绩，追赠太傅，照大学士例赐恤，加恩予谥"文襄"。

左宗棠向来爱国家、爱人民，坚忠执着，至死不渝，自然令人想起诸葛亮"鞠躬尽瘁，死而后已"的精神。真是："春蚕到死丝方尽，蜡炬成灰泪始干！"

附录

一、左宗棠年谱简编

公元 （年）	年号	年龄 （岁）	纪　　事
1812	清嘉庆 十七年 （壬申）	出 生	11月10日（十月初七日）　生于湖南省湘阴县文家局左家塅（今金龙镇新光村）。曾祖左逢圣，字孔时，一字仁乡，县学生员；祖父左人锦，字斐中，一字松野，国子监生；父亲左观澜，字晏臣，一字春航，县学廪生，以设学馆授徒为生。母余氏，生三子（宗棫、宗植、宗棠）三女。
1816	嘉庆 二十一年 （丙子）	4	全家迁居长沙左氏祠。父开馆授徒。与兄宗棫、宗植随父学习。
1817	嘉庆 二十二年 （丁丑）	5	始读儒家经典《论语》《孟子》等书，兼读朱熹《四书集注》。祖父左人锦逝，享年八十岁。
1826	道光六年 （丙戌）	14	次兄宗植以拔贡生赴京朝考，寻选为新化县训导。始应童子试。
1827	道光七年 （丁亥）	15	应府试，名列第二。因母病归，未参加院试。母余氏卒，寿）五十）三岁。

公元 （年）	年号	年龄 （岁）	纪　　事
1830	道光十年 （庚寅）	18	江宁布政使贺长龄丁母忧，回长沙。往贺长龄家借阅藏书，求教问学。才华志节为贺长龄所赏识，被其"推为国士"。父左观澜病故，寿五十三岁。葬于长沙城北十五里史家坡。
1831	道光 十一年 （辛卯）	19	考入长沙城南书院，为山长贺熙龄（贺长龄之弟）赏识。与同郡罗泽南、丁叙忠等同学友善。课试于湘水校经堂，七获第一，"得书院膏火以佐食"。
1832	道光 十二年 （壬辰）	20	5月（四月）捐监生。9月（八月）应本省乡试，中第十八名举人。次兄宗植同时应举，中榜首解元。主考官为陕西泾阳人、礼科掌印给事中徐法绩。乡试后，与湘潭隐山（辰山）望族周系舆之女周诒端（字筠心）成婚，入赘周家。冬，同次兄宗植启程北上参加会试。
1833	道光 十三年 （癸巳）	21	春，至北京，初次会试落第。与胡林翼在京城订交。归乡后，将左家塅祖遗田产全部交与长兄宗棫嗣子世延，自己寄居湘潭妻家。
1835	道光 十五年 （乙未）	23	第二次赴京参加会试，试卷被考官温葆深评为"立言有体"，初选中第十五名，但以湖南省溢额，仅取为"誊录"。不就。随即返乡，继续潜心求学。

续表

公元 （年）	年号	年龄 （岁）	纪　　事
1838	道光 十八年 （戊戌）	26	春，第三次赴京会试落第，从此绝意科举。南下绕道江宁，谒陶澍。陶澍为其子陶桄聘左宗棠长女孝瑜，结为亲家。在京购得农书甚多，归家后致力农事，于农书探讨甚勤。以区种为良，作《广区田制图说》。同时继续从事舆图地学研究，抄录《畿辅通志》《西域图志》及各省通志中有关山川险要、驿道远近等内容，分门别类，编订成数十巨册。
1840	道光 二十年 （庚子）	28	春，至安化陶澍家，设馆教陶桄并料理家事。遍阅陶家藏书及本朝官书文件，体察人情，通晓治体。参考《图书集成》中康熙舆图和乾隆内府舆图，修订所绘地图。密切关注鸦片战争形势和国内政局变化，多次上书贺熙龄论抗英战守机宜，写成《料敌》《定策》《海屯》《器械》《用间》《善后》诸篇，提出练渔屯、设碉堡、简水卒、练亲兵、设水寨、省调发，以及设厂造炮船、火船等策。
1843	道光 二十三年 （癸卯）	31	在安化陶氏家馆任教。于湘阴东乡柳家冲购置田产七十余亩。
1844	道光 二十四年 （甲辰）	32	在安化陶氏家馆任教。耒阳阳大鹏起义。10月（九月）将妻小从湘潭岳家迁至湘阴柳家冲，题门曰"柳庄"。后，授课余暇，即回柳庄，督工耕作，巡行垄亩，自号"湘上农人"。
1845	道光 二十五年 （乙巳）	33	在安化陶氏家馆任教。将安化茶引入湘阴。在柳庄种茶、植树。与罗汝怀书言"农家为人生第一要务"；后撰著农书十数篇。

公元 （年）	年号	年龄 （岁）	纪　　事
1847	道光 二十七年 （丁未）	35	秋后，结束安化陶氏家馆事务，返湘阴柳庄。致力农事、兵学研究。5月（四月）次子孝宽生。
1849	道光 二十一年 （辛丑）	37	至长沙，在朱公祠开馆授徒，婿陶桄仍从受学。入学者有周开锡及黄冕之子黄瑜、黄上达、黄济兄弟等。胡林翼书荐左宗棠于云贵总督林则徐幕府，左以事牵掣未往，但对林极为敬仰。湘阴复遭大水。授徒之暇，出办赈灾公益事。
1850	道光 三十年 （庚戌）	38	1月3日（道光二十九年十一月二十一日）与林则徐于长沙湘江舟中会晤，林公"诧为绝世奇才"。宴谈达曙，无所不及。重点谈及西域时务，林则徐遂以国事托之。12月（十一月）闻林则徐上月已于广东普宁行馆病逝之噩耗，至为震惊悲痛。在湘阴积谷备荒，建"仁风团义仓"赈济灾民。
1853	咸丰 三年 （癸丑）	41	2月（正月）因"防守湖南功"，谕以知县用，并加同知衔。2月19日（正月十二日）张亮基奉旨移署湖广总督，左宗棠随同离长沙赴武昌，仍作湖广总督幕僚，筹划兵事、吏治。5月（四月）因"平征义堂功"，谕以同知直隶州用。7月（六月）随张亮基出巡，布防广济田家镇。建议制备战船，办水师，控长江。调重兵扼麻城，击退由豫入鄂太平天国北伐军。10月6日（九月初四日）张亮基奉旨调补山东巡抚，左宗棠乃辞归湖南。

公元（年）	年号	年龄（岁）	纪　　事
1854	咸丰四年（甲寅）	42	4月5日（三月初八日）在骆秉章"三遣使币入山敦促"下，再入湖南巡抚幕。4月下旬（三月下旬）将家眷送往湘潭。督丁善庆、黄冕制造船炮；与郭崑焘等"力定越境剿贼之计"，商请派军援鄂。11月（十月）派军驰援广东。冬，罢大钱，废部钞，稳定市场。
1856	咸丰六年（丙辰）	44	1月（五年十二月）遣军援黔。御史宗稷辰上奏荐才，首列左宗棠。称其"不求荣利，迹甚微而功甚伟。若使独当一面，必不下于胡林翼诸人"。谕命湖南巡抚出具切实考语，送部引见。2月（正月）曾国藩奏叙左宗棠"接济军饷功"，奉旨以兵部郎中用。3月（二月）遣刘长佑、萧启江率大军援赣，从浏阳、醴陵两道以取萍乡、万载。5月（四月）遣刘腾鸿率军出援瑞州。设湖南盐茶局。借行粤盐榷税，并于郴、桂征茶税，以裕饷源。7月（六月）遣曾国荃、周凤山率军出援吉安。8月（七月）胡林翼奏称左宗棠"才学过人"，荐其为将才。
1857	咸丰七年（丁巳）	45	5月（四月）檄蒋益澧练湘勇千五百人，复调段莹器千人、永勇八百人隶蒋军，自全州进师援桂。6月（五月）谕称："湖南举人左宗棠，前经曾国藩奏，以郎中分发兵部行走；复经骆秉章奏，该员有志观光，俟湖南军务告竣，遇会试之年，再行给资送部引见。现当军务需才，该员素有谋略，能否帮同曾国藩办理军务，抑或无意仕进，与人寡合，难以位置？着骆秉章据实陈奏。"骆秉章以湖南军事方急，奏留。得骆秉章、胡林翼资助银五百两，购得长沙司马桥宅，遂将全家自湘阴移居长沙。10月（九月）四子孝同生。

公元 （年）	年号	年龄 （岁）	纪　　事
1858	咸丰 八年 （戊午）	46	春，起草奏折，如实报告广州失陷情况，并筹划反抗侵略之策。9月（八月）援赣军攻陷吉安；援桂军入屯桂林，攻占柳州。10月（九月）骆秉章上奏保荐左宗棠，称其"连年筹办炮船，选将练勇，均能悉心谋划"，诏赏加四品卿衔。增遣田兴恕率军援黔。
1861	咸丰 十一年 （辛酉）	49	1月5日（十年十一月二十五日）在景德镇击退太平军。谕以三品京堂候补。4月（三月）乐平之战，击败太平军李世贤部。5月26日（四月十七日）谕命帮办两江总督曾国藩军务。旋诏授太常寺卿。7月9日（六月初二日）率军移驻安徽婺源。9月（八月）南下德兴。议以全军援浙，谓不援浙江，不能并力。曾国藩盛赞之，并在奏折中称左宗棠"平日用兵，取势甚远，审机甚微"。11月20日（十月十八日）谕命曾国藩辖江苏、安徽、江西、浙江军务，左宗棠督办浙江军务。12月26日（十一月二十五日）曾国藩密疏请简左宗棠为浙江巡抚。
1867	同治 六年 （丁卯）	55	1月11日（五年十二月初六日）谕命暂勿来京陛见，即赴甘肃督办军务。31日（二十六日）经江西抵湖北武昌，驻营汉口后湖。2月5日（正月初一日）清廷命督办陕甘军务。14日（初十日）奏呈西征方略。同日在汉口设陕甘后路粮台。22日（十八日）谕命授钦差大臣，督办陕甘军务。3月25日（二月二十日）前队离汉口启行。后队亲率各营继进，相继抵溳口、德安、随州、枣阳、樊城、灵宝、潼关、临潼、泾西。6月12日（五月十一日）奏称"窃惟办理之法，宜恪遵前奉上谕'不论汉、回，只辨良、匪'，以期解纷释怨，共乐升平"，主张在平乱中对各族民众一视同仁。

续表

公元（年）	年号	年龄（岁）	纪　　事
1868	同治七年（戊辰）	56	1月9日（六年十二月十五日）奏请催江南等省协饷并拟援例借洋款二百万两。12日（十八日）离临潼拨队东行。后复抵潼关，率军由潼关急行入晋，相继抵夏县、闻喜、曲沃、介休，由寿阳出井陉入直隶。先后抵获鹿、正定、定州、保定近郊、蠡县、祁州、肃宁、安平。谕令直隶之各省官军归其总统。3～5月，转战定州、正定、彰德、大名、临清、德州、连镇、吴桥、宁津等地。8月27日（七月初十日）赏加太子太保衔，交部照一等军功议叙。9月27日（八月十二日）着加恩在紫禁城内骑马。30日（十五日）加恩受慈安、慈禧两太后召见。10月1日（八月十六日）连上奏开屯、筹饷事。4日（十九日）陛辞出都。10～11月，行抵彰德府、怀庆府、西安等地，与刘典等会筹军事、调度军食。
1872	同治十一年（壬申）	60	2月（正月）拟订甘肃茶务章程，以清积弊。3月21日（二月十三日）奏请豁免甘肃被灾最重地区自同治元年至八年额征银粮草束，以恤民艰。5月2日（三月二十五日）因御史宋晋奏请暂停造船，上奏《复陈福建轮船局务不可停止折》，驳斥停造轮船的言论。夏秋，创办兰州制造局，仿造枪炮弹药，兼造织呢机和抽水机等。9月19日（八月十七日）奏请豁免蒙盐商人积欠税银，并奏变通行盐章程，拟订《办理蒙盐章程条议》，以通商贩、恤边民。11月15日（十月十五日）奏请豁免茶商积欠课银并拟变通试办茶务章程，招商给票，以票代引。

公元 （年）	年号	年龄 （岁）	纪　　事
1873	同治 十二年 （癸酉）	61	1月17日（十一年十二月十九日）参劾乌鲁木齐提督成禄在高台苛敛捐输、诬民为逆、纵兵攻堡并冤毙200余人等罪，请旨查办，为民雪冤。3月（二月）上书总理衙门，指出沙俄野心与战争危机。
1874	同治 十三年 （甲戌）	62	1月27日（十二年十二月初十日）上奏筹划出关作战。2月4日（十二年十二月十八日）奏请将原陕甘合并乡试改为甘肃分闱乡试，分设学政，增加每科取中名额。在兰州创建贡院。2月（正月）上书总理衙门支持沈葆桢造船。议选派留学生往英、法、德，学习造船、设计及制造水雷、水器。刊布《种棉十要》《棉书》，令陕甘各属设局教纺织。8月23日（七月十二日）谕令补授大学士，仍留任陕甘总督。同时授景廉为钦差大臣、金顺为帮办大臣，督军西征。11月12日（十月初四日）以饷源顿涸，出征在即，奏请允借洋款三百万两应急。11月（十月）连续两次上书总理衙门，筹议海防事宜。
1875	光绪 元年 （乙亥）	63	3月（二月）派遣张曜在哈密屯田修水利。4月12日（三月初七日）上奏《复陈海防塞防及关外剿抚粮运情形折》称"东则海防，西则塞防，二者并重"。5月3日（三月二十八日）谕命以钦差大臣督办新疆军务。9月20日（八月二十一日）英使威妥玛为阿古柏居间调停说降。谕命概由左宗棠定夺。26日（二十七日）左宗棠严辞拒绝英国调停，不许阿古柏另行立国。9月（八月）创办兰州火药局。

公元 （年）	年号	年龄 （岁）	纪　　事
1876	光绪 二年 （丙子）	64	1月10日（元年十二月十四日）整军出关，而饷源涸竭，事机急迫，奏请照台防成案允借洋款。清廷谕各将军督抚提解欠饷、清解协饷，准借洋款一千万两。2月（正月）禁止俄商非法贸易；允许外商转贩棉、毛、丝茧等。4月7日（三月十三日）抵肃州，驻城东南大营。26日（四月初三日）西征军在肃州大营前祭旗出关，刘锦棠率汉、回马步各军启行。西征军经哈密、巴里坤至古城。进抵吉木萨，由阜康向古牧地进发，袭取黄田，首战告捷。攻占古牧地，乘胜前进，乌鲁木齐、迪化及伪王城同时克复。收复昌吉、玛纳斯北城、呼图壁、玛纳斯南城。是年，拟订改革赋税章程；在甘肃清丈地亩，按地定赋。
1881	光绪 七年 （辛巳）	69	离开兰州赴京，旋抵西安，由潼关渡黄河入晋北上。2月（正月）入值军机，在总理衙门行走，管理兵部事务。7月28日（七月初三日）感触暑气，宿恙举发，手足拘急痛楚，头晕耳聋，奏请赏假调理。8月病情加剧，奏请续假。9月6日（闰七月十三日）永济桥浚河筑堤工程竣工。同日以病奏恳开缺。上谕"准赏假一月调理，毋庸开缺"。10月5日（八月十三日）一月假满，病源已深，医药施治未能奏效，仍请开缺。上谕"再赏假两月，毋庸开缺"。10月28日（九月初六日）谕命补授两江总督，兼充办理南洋通商事务大臣。11月27日（十月初六日）以病渐愈，提前销假，接受两江总督任命。12月9日（十月十三日）离京南下。先请假两月，取道河南、湖北，过洞庭湖，回湘阴、长沙省墓探亲。然后阅视长江水师。

公元（年）	年号	年龄（岁）	纪　事
1882	光绪八年（壬午）	70	2月10日（七年十二月二十二日）抵达南京就任两江总督兼南洋通商大臣。3月（二月）到省营和江北各地巡阅清军，出省城到瓜洲、扬州、清江、高邮等地阅兵。察看南运河、淮河水利工程，以"引淮归海"为治水方案。5月27日至6月12日（四月十一日至二十七日）初次乘船东下，在镇江、常州、福山、苏州、太湖、吴淞等地视察江海防务时，武装通过上海租界，外国人换升中国龙旗迎接，观者如堵。9月11日（七月二十九日）筹议海防，邀巡阅长江水师彭玉麟抵南京议事。10月18日（九月初七日）第五次奏请新疆改建行省。
1884	光绪十年（甲申）	72	1月4日（九年十二月初七日）上奏具陈海防前敌、后路江防、战阵防守等事。31日（正月十二日）因病奏恳开缺。2月20~29日（正月二十四日至二月初三日）第三次乘船东下，经扬州、瓜洲、靖江、通州、崇明、上海等地巡视江海防务。在上海，英、美各国兵轮均升龙旗致意，各国领事次第上船拜谒。5月3日（四月初九日）谕令来京陛见。即离江宁赴京，水、陆兼程北上。途中著《时务说帖》，揭露法国求和背后之因由，力阻和议，要求亲往前线督师抗法。6月18日（五月二十五日）谕令再入值军机，管理神机营事务。6月29日（闰五月初七日）奏请敕下滇、粤督抚臣严饬防军稳扎稳打，抗击法军；并请迅速成军前往增援。9月7日（七月十八日）谕命为钦差大臣，督办福建军务。11月17日（九月三十日）清政府宣布新疆正式建省。

公元 （年）	年号	年龄 （岁）	纪　事
1885	光绪 十一年 （乙酉）	73	1月10日（十年十一月二十五日）奏派部将王诗正率恪靖援台军由厦门渡台湾，妥筹恢复基隆之策。2月7日（十年十二月二十三日）上奏《试办台糖遗利以澹饷源折》，称"与民争利不若教民兴利"，鼓励开拓糖务。随即出省巡视沿海防务，详察炮台，沿港遍布水雷。并拟亲赴台湾督战。3月11日（正月二十五日）奏请订购先进制炮机器，在福建船政局旧厂拓增炮厂铸造大炮，并开办福州穆源铁厂。3月刘永福黑旗军和冯子材、王德榜等部清军在临洮、谅山—镇南关大败法军。4月18日（三月初四日）针对清政府与法会谈并停战撤军，密奏称："要盟宜慎，防兵难撤"，基隆、澎湖必须收回。4月1日（二月十六日）法军司令官孤拔在镇海受重伤。后毙命。法军溃败。7月29日（六月十八日）上奏《请专设海防全政大臣折》，对中法战争各省督抚各自为政之弊，建议设置海防全政大臣。同日又奏《台湾紧要请移福建巡抚震慑折》，建议移福建巡抚驻台湾，奏请台湾改设行省。9月5日（七月二十七日）病逝于福州。上谕着追赠太傅，照大学士例赐恤，加恩予谥"文襄"，入祀京师昭忠祠、贤良祠，于湖南原籍及立功省份建立专祠，其生平政绩事实宣付史馆。10月12日（九月初五日）清政府设置总理海军事务衙门；批准台湾改设行省，以刘铭传为首任台湾巡抚。11月1日（九月二十五日）遗体运抵湖南长沙。次年12月10日（光绪十二年十一月十五日）葬善化县（今长沙县）八都杨梅河柏竹塘。墓碑上刻：清太傅大学士恪靖侯左文襄公之墓。

二、左宗棠诗作选摘

二十九岁自题小像·八首选二

其一

犹作儿童句读师，平生至此乍堪思。

学之为利我何有？壮不如人他可知。

蚕已过眠应作茧，鹊虽绕树未依枝。

回头廿九年间事，零落而今又一时。

其八

机云同住素心违，堪叹频年事事非。

许靖敢辞推马磨，王章犹在卧牛衣。

命奇似此人何与，我瘦如前君岂肥。

来日连床鸡戒晓，碧湘宫畔雨霏霏。

感事·四首选三

其一

爱水昏波尘大化，积时污俗企还淳。

兴周有诰拘朋饮，策汉元谋徒厝薪。

一怒永维天下祜，三年终靖鬼方人。

和戎自昔非长算，为尔豺狼不可驯。

其二

司马忧边白发生，岭南千里此长城。

英雄驾驭归神武，时事艰辛仗老成。

龙户舟横宵步水，虎关潮落晓归营。

书生岂有封侯想，为播天威佐太平。

其四

海邦形势略能言，巨浸浮天界汉蕃。

西舶远逾狮子国，南溟雄倚虎头门。

纵无墨守终凭险，况幸羊来自触藩。

欲效边筹裨庙略，一尊山馆共谁论？

癸巳燕台杂感·八首选二

其三

西域置兵不计年，当时立国重开边。

橐驼万里输官稻，沙碛千秋比石田。

置省尚烦他日策，兴屯宁费度支钱。

将军莫更纾愁眼，生计中原亦可怜。

其六

青青柳色弄春晖，花满长安昼掩扉。

答策不堪宜落此，壮游虽美未如归。

故园芳草无来信，横海戈船有是非。

报国空惭书剑在，一时乡思入朝饥。

壬戌（同治元年）九日军次龙丘作

万山秋气赴重阳，破屋颓垣辟战场。

尘劫难消三户撼，高歌聊发少年狂。

五更画角声催晓，一夜西风冀欲霜。

笑语黄花吾负汝，荒畦数朵为谁忙？

崇安道中和同征诸子韵

直从瓯海指黄河，万里行程枕席过。

道出中原宸极近，胆寒西贼楚声多。

尖叉斗韵看题壁，竞病联吟更荷戈。

回首四年泥爪迹，明当出峤意如何？

题孙芝房苍莨谷图

湘山宜竹天下知，小者苍莨尤繁滋。

冻雷破地锥倒卓，千山万山啼子规。

子规声里羁愁偪，有客长安归不得。

北风吹梦落潇湘，晓侍金闺泪沾臆。

画师相从询乡里，为割湘云入湘纸。

眼中突兀见家山，数间老屋参差是。

频年兵气缠湖湘，杳杳郊坰驱豺狼。

僻地愁无好林壑，桃源之说诚荒唐。

还君兹图三叹咨，一言告君君勿嗤。

楚人健斗贼所惮，义与天下同安危。

会缚湘筠作大帛，一扫区宇净氛垢。

归来共枕沧江眠，卧看寒云归谷口。